流通・都市の理論と動態

佐久間英俊・木立真直 編著

執筆者

佐久間英俊	木立真直
結城　祥	塩見英治
久保知一	小熊　仁
金　度渕	斯波照雄
野﨑俊一	

中央大学企業研究所
研究叢書　36

中央大学出版部

はしがき

本書は，中央大学企業研究所の共同研究チームである「世界市場・都市と流通・マーケティングの発展」チームが，2009年度から2013年度まで行った研究活動の成果の一部を取りまとめたものである．チームの構成員は，前田重朗中央大学名誉教授，山口重克東京大学名誉教授をはじめ，中央大学の木立真直，久保知一，熊倉広志，佐久間英俊，斯波照雄，武石智香子，竹田信夫，馬場政孝，林田博光，平野健，三浦俊彦，結城祥（以上，商学部），佐藤拓也，塩見英治，八幡一秀，米田貢（以上，経済学部），井上善美（諏訪東京理科大学），岩井隆夫（元長崎県立大学教授），薄井和夫（埼玉大学），河田賢一（沖縄国際大学），金雲鎬（日本大学），金度渕（大阪商業大学），菅原陽心（新潟大学），堂野崎衛（埼玉学園大学），野﨑俊一（立教大学），福田豊（電気通信大学名誉教授），松尾秀雄（名城大学），髭白晃宜（中央大学非常勤講師）の計30名であった．

　当チームは，元々は前田研究員と山口研究員が中心となって，両氏から直接・間接に教えを受けたり，研究上の親交があった研究者が集まって開始された研究チームをルーツにしている．その後，一貫して流通関連の研究テーマを扱いながらも，数年おきにチームの名称を変えながら発展する中で，研究領域も年齢層も本務校も多彩な研究者が多数加わって，いまのチームに発展してきたと理解している．

　当チームは上記5年の活動期間に，毎年研究合宿と訪問実態調査を1回ずつ行うとともに，年間数回の公開研究会を開催するなど比較的活発に活動してきた．中央大学の葉山寮や湯河原寮で実施した研究合宿では，チームメンバーの研究報告をもとに議論を交わし，公開研究会では外部の先端研究者をお招きして研究の研鑽を重ねてきた．また実態調査として，韓国ソウル市，三重県伊賀市，山口県下関市，韓国釜山市，青森県八戸市などを訪問し，流通企業や，地場産業，伝統産業，卸売市場，商店街，地方行政府，物流機関などで視察や聞

き取りなどを行った.

　本書の内容を簡単に紹介すると，まず佐久間「日本の格差社会と流通」（第1章），結城「組織成果を左右する市場志向の定性的側面」（第2章），久保「小売業態の発展経路」（第3章）が流通の理論，政策，歴史を考察する．続いて金「イギリスにおけるヘルシーフードの動態と大規模小売業の取り組み」（第4章），野﨑「食文化とインターナル・ツーリズムの関係性」（第5章），木立「拡張する食品の品質概念と食関連企業の調達行動」（第6章）が食生活と文化，国内旅行，食品小売流通の発展を考察する．そして最後に，塩見・小熊「LCC のハイブリッド化とパラダイム変化」（第7章）と斯波「中世末期のハンザ都市の税収について」（第8章）が，航空輸送業界の競争と中世ハンザ都市の税収を分析するという構成をとっている．8本のすべての論考が，格差，市場志向，業態イノベーション，文化，低コスト経営など，現代流通や都市の歴史を構成する重要な概念を切り口にして，分析のメスを入れていると言えよう．

　本叢書に収録された論考は，当研究チームの研究成果の一部に過ぎないのではあるが，「世界市場・都市と流通・マーケティングの発展」という当チームの研究テーマに照らした時，両者の関連を解明するという初期の目的を達成したとはおよそ言い難い．それは第1に，当該対象に生じている近年の変化がかつてないほど急速でかつ構造的であるためであり，第2に，世界市場，都市，流通という3つの要因を個別に取り上げただけでも，それぞれに膨大な研究課題が山積しているためであり，さらに付言すれば，研究方法論も研究の主たる関心領域もかなりの程度に異なる研究者が共同研究の成果を短期間に出すことには多大な困難を伴うからである．

　しかしながら，それぞれに異なる関心と方法論と個性とを有する研究者が，共通するテーマで共同研究を行い，忌憚なく議論をすることが，計り知れない相乗効果を生むこともまた事実と言えよう．人間の認識が，既知の認識と新しい現実との乖離を原動力にして発展する際，自身では気づき得ない他者の視点や集団の英知がブレイクスルーを引き起こすからである．チームメンバーの今後の研究の発展に，当チームで行った研究活動が多少なりとも役立つことを

はしがき　iii

願ってやまない.

　幅広い研究分野に属する多くの有為の研究者が当チームに集ってきたのは,前田先生,山口先生をはじめとして,これまで研究チームを牽引してこられた先達の学問・研究に対する真摯な姿勢と,紳士的でかつ寛容なお人柄によるものと思われる.当チームの研究成果として,拙いながらも本書が発刊できることに関して,先達に感謝申し上げる.同時に,当チームの研究活動を進める過程では,企業研究所の斯波照雄前所長,新橋雅敏前事務長,事務の宮川美智子氏にいつも大変お世話になった.また本書の出版にあたっては,企業研究所の三浦俊彦所長,出版部の菱山尚子氏にも多大なご助力をいただいた.特に遅れがちな出版に辛抱強く対応され,細部にまで丁寧なサポートをいただいた菱山氏,宮川氏には,改めて感謝申し上げたい.

2015 年 3 月

「世界市場・都市と流通・マーケティングの発展」チーム主査
佐久間　英俊

目　　次

はしがき

第1章　日本の格差社会と流通

佐久間　英　俊

はじめに　……………………………………………………………　1

1．日本における格差　………………………………………………　1

2．日本における近年の格差拡大の原因　…………………………　4

3．新自由主義的競争政策の影響　…………………………………　7

4．新自由主義に関わる概念の整理　………………………………　10

5．問題解決の方向　…………………………………………………　14

おわりに　……………………………………………………………　18

第2章　組織成果を左右する市場志向の定性的側面
――「獲得情報の非冗長性」と
「情報・技術活用の自律性」――

結　城　　祥

はじめに　……………………………………………………………　23

1．市場志向研究の系譜と問題の所在　……………………………　24

2．市場志向の定性的側面　…………………………………………　28

3．製造業者の市場志向とマーケティング・チャネル　…………　33

4．概念モデルと仮説の提示　………………………………………　39

おわりに　……………………………………………………………　41

第3章　小売業態の発展経路
　　　──小売サービスと組織能力に基づく
　　　　　長期的分析──

久　保　知　一

はじめに ……………………………………………………………… 49

1．小売業態イノベーションの既存研究 ……………………… 50

2．小売業態イノベーションの描写 …………………………… 53

3．デ　ー　タ ……………………………………………………… 56

4．日本の小売業態イノベーションの変遷 ………………… 59

おわりに ……………………………………………………………… 72

第4章　イギリスにおけるヘルシーフードの動態と
　　　　　大規模小売業の取り組み
　　　　　── 1980 年代から近年に至る食料消費分析を
　　　　　　　中心に──

金　　度　　渕

はじめに ……………………………………………………………… 77

1．イギリスの肥満状況について …………………………… 78

2．健康志向にまつわる言葉の登場と当時の状況 ………… 80

3．ヘルシーフードに関する小売業の取り組み ………… 81

4．各種統計からみるイギリスの食料消費 ………………… 85

おわりに ……………………………………………………………… 90

第5章　食文化とインターナル・ツーリズムの
　　　　　関係性──特に和食

野　﨑　俊　一

はじめに ……………………………………………………………… 95

1．食文化とツーリズムの概念 ……………………………… 96

2．ツーリズムにおける食文化の位置づけ …………………… 98

　3．インターナル・ツーリズムと食文化の関係 ……………… 102

　おわりに──食文化とツーリズムの関係性の課題と方向性

　　………………………………………………………………… 112

第6章　拡張する食品の品質概念と
　　　　食関連企業の調達行動

木　立　真　直

　はじめに ……………………………………………………… 121

　1．品質競争力をどう捉えるか ……………………………… 122

　2．品質要因からみた食関連企業の生鮮食品調達行動 ……… 125

　3．食関連企業による輸入調達の新たな展開 ……………… 132

　おわりに ……………………………………………………… 134

第7章　LCC のハイブリッド化と
　　　　パラダイム変化

塩　見　英　治
小　熊　　　仁

　はじめに ……………………………………………………… 141

　1．LCC の内容と Southwest モデル ……………………… 143

　2．LCC ビジネスモデルのハイブリッド化と
　　LCC のグローバル展開 ………………………………… 149

　3．LCC ビジネスモデルのハイブリッド化が LCC の運営に
　　与える影響と今後の政策的課題 ……………………… 169

　おわりに ……………………………………………………… 177

第8章　中世末期のハンザ都市の税収について

斯　波　照　雄

はじめに …………………………………………………… 185

1．14〜15世紀のハンザ圏の政治動向 ………………… 185

2．14世紀後半から15世紀前半のハンザ都市の税収 ……… 190

おわりに …………………………………………………… 199

第1章　日本の格差社会と流通

はじめに

　過去数十年間，世界の先進資本主義諸国では新自由主義政策がとられて，社会の隅々まで競争が蔓延することになったが，同政策は社会に様々な格差を生み，いまその弊害が随所で問題となっている．日本でもそのことは同様である．日本においては1990年代末頃から「格差社会」現象として問題視されてきたが，この問題は新しい特質を有しているので，現代流通論においても理論把握の仕方や，政策的対応など新たな課題に応える必要がある．

　本章では主に日本社会を対象として，① 消費と流通の格差の実態，②「格差社会」が発生した原因などをみた後，③ 関連する概念の検討と ④ 問題を解決するための方策を提示することを目的としている．

1．日本における格差

　まず現在の日本社会にはいかなる格差があるのか，代表的なものを類別して具体的にみていこう．

　第1に，企業や業者間の規模格差の拡大が挙げられる．「失われた20年」と言われた不況下でも，資本集中によって成長を遂げる大企業の多くは利益を積み増しているのに対して，生産でも流通でも中小企業・業者の衰退が顕著で，業者間格差が広がっている[1]．地域を問わず日本全国で，中小メーカーや家族経営による業者の倒産・廃業が増えている[2]．小商店の廃業が相次いだ商店街

は商業集積としての魅力が薄れるため，客足が遠のいて商店街自体が廃れ，ひいてはまちの衰退を生んでいる．また他方では，中小小売業者の減少は卸売業者の経営を悪化させ，卸売業における資本の集中を加速している．なお生き残っている場合でも，概して中小企業や業者は売上げや利益を大きく減少させ，苦境に陥るものが続出している．

　日本における格差の2番目に，所得格差の広がりがある．表1にある通り，日本の給与所得者の年間平均所得は2012年に408万円となり，1997年の467万円から15年間に約15%低下している[3]．所得階層の上層部には，自身が設立したベンチャー企業の成功や株式投資によるキャピタルゲインによって，巨万の富を得る少数の者がいる一方，年間収入が200万円に満たない低所得者層が広がっている．「民間給与実態調査」によれば，年間所得が200万円以下の

表1　民間給与所得者における年間給与の推移

年	給与所得者数（千人）	給与総額（億円）	平均給与（千円）
1996	44,896　(1.1)	2,068,805　(1.9)	4,608　(0.8)
1997	45,236　(0.8)	2,115,080　(2.2)	4,673　(1.4)
1998	45,446　(0.4)	2,112,088　(−0.1)	4,648　(−0.5)
1999	44,984　(−1.0)	2,075,188　(−1.7)	4,613　(−0.8)
2000	44,939　(−0.1)	2,071,594　(−0.2)	4,610　(−0.1)
2001	45,097　(0.4)	2,047,402　(−1.2)	4,540　(−1.5)
2002	44,724　(−0.8)	2,002,590　(−2.2)	4,478　(−1.4)
2003	44,661　(−0.1)	1,982,639　(−1.0)	4,439　(−0.9)
2004	44,530　(−0.3)	1,954,110　(−1.4)	4,388　(−1.1)
2005	44,936　(0.9)	1,962,779　(0.4)	4,368　(−0.5)
2006	44,845　(−0.2)	1,950,153　(−0.6)	4,349　(−0.4)
2007	45,425　(1.3)	1,985,896　(1.8)	4,372　(0.5)
2008	45,873　(1.0)	1,970,670　(−0.8)	4,296　(−1.7)
2009	45,056　(−1.8)	1,828,745　(−7.2)	4,059　(−5.5)
2010	45,520　(1.0)	1,875,455　(2.6)	4,120　(1.5)
2011	45,657　(0.3)	1,867,459　(−0.4)	4,090　(−0.7)
2012	45,556　(−0.2)	1,858,508　(−0.5)	4,080　(−0.2)

（注）給与所得者とは1年間を通じて勤務した給与所得者を指す．
　　　括弧内は対前年伸び率で，単位は%．
（出所）国税庁「平成24年分民間給与実態統計調査」2013年9月，などから作成．

民間給与所得者は，2002年から2012年までの10年間で，853万人から1090万人に，全体に占める比率では17.1％から23.9％に増加している．これは主要には民間企業などにおいて雇用形態に基づく賃金格差が拡大していることが大きく影響している．

　また厚生労働省によると，2013年時点で「正社員・正職員」の賃金は，月額31万4700円であるのに対し，「正社員・正職員以外」の賃金は19万5300円であり，後者の賃金は前者のそれの61.8％となっている[4]．これには，同一価値労働同一賃金の原則が貫かれていない日本の企業社会では，非正規雇用労働者が正規雇用労働者と同様の仕事をしても，はるかに低い賃金しか得られないケースが多いことが影響していると思われる．この非正規雇用が2014年11月時点で2012万人に達しており，雇用全体に占める非正規雇用の割合は38.0％に及んでいる[5]．また賃金格差には，地方と都市部との間の地域間格差もある．1人当たり県民所得で比べると，都市圏に属する東京都が437.3万円（1位），静岡県が316.2万円（2位），愛知県が310.5万円（3位）などであるのに対し，地方に属する沖縄県が201.8万円（47位），高知県が219.9万円（46位），宮崎県が220.8万円（45位）などで，地方の下位県は首位東京都の50％前後となっている[6]．

　さらに性差別に基づく男女間の賃金格差の問題もある．同一年齢で比較して，女性の賃金は男性の賃金より低いケースが多い．たしかに世界の他の主要な先進国においても男女の賃金格差がまったくないわけではないが，日本は格差の大きさでトップクラスにある[7]．

　第3に，購買の利便性に関する地域間格差がある．商店街など近所にある商業施設が衰退した結果，近くに公共交通機関がなく，かつ車を運転できない高齢者などが買い物をする術を奪われることなどから発生する「買い物難民」が社会問題化している．「買い物難民」は，これまでは地方の過疎地域での問題として指摘されることが多かったが，とりわけ今後は都市部でのいっそうの増加が危惧されている[8]．

　第4に，消費者間の情報格差の問題もある．まず居住地域などによる情報イ

ンフラの整備状況や，プロバイダーとの契約料金なども含めたインターネット
への接続環境の相違，さらにはパソコンや携帯情報端末など情報機器の操作能
力に関する諸個人間の習熟度合いなどの相違によって，人々の間に獲得できる
情報の質と量の面で大きな格差が生まれている．

　第5に，先にみた所得格差は一過性のものでなく，教育機会の不均等を通じ
て，将来の世代にも再生産される危険がある．例えば，日本では中等教育であ
る高等学校も，高等教育である大学や短期大学でも学費は有償であり，とりわ
け高等教育機関の学費は，長年にわたって物価上昇率をはるかに上回る比率で
値上げされてきた．その結果，現在では高校卒業時に大学進学を希望しながら，
経済的理由によって大学への進学を断念する生徒や，大学に入学しても高騰し
た学費が支払えず，中途退学を余儀なくされる学生が増えている．高学歴と高
所得との正の相関関係，親の教育費の支出能力と子どもの高学歴との正の相関
などからみて，「所得格差による教育の機会均等の破壊」（小林雅之・東京大学教授）
は明らかであり，格差の世代的再生産が懸念されている．

2．日本における近年の格差拡大の原因

　次に，日本に「格差社会」現象を招来した原因をみていこう．

　第1の原因は1985年「プラザ合意」による為替相場の円高協調だと考える．
同年9月にG5（先進5カ国蔵相会議）が米国ニューヨークのプラザホテルで開
催され，当時の主要先進国が外国為替相場に協調介入することによって円ドル
相場を円高ドル安の方向に誘導することを決めた．合意の直前までは1ドル＝
240円程度であった円ドル相場が急激な円高に向かい，その後3年程度で1ド
ル＝120円ほどへと2倍の水準まで円は高騰した．これが原材料を輸入し，国
内で加工・組み立てを行った製品を輸出することを主軸としていた日本の主要
な製造業の競争力を削ぎ落した．これに対して日本の政府や財界は，例えば「前
川レポート」にあるように円高を容認し，輸出競争力が低下した企業には，海
外に生産拠点を移す多国籍企業化を推奨したのである．その結果，一時1980

年代の後半に「バブル景気」というあだ花は咲いたものの，数十年単位でみれば，輸出主導型企業の国際競争力が低下するとともに，国内では「産業空洞化」が進行して雇用減少や長期にわたる国内不況を生んだ．「バブル崩壊」後の「失われた20年」に日本企業は国際競争力を減退させた．15年間で15％ほど賃金が減った国内市場では，高まる生産力に見合う新たな需要が見出せず，いわゆる市場問題が深刻化した．日本企業はその打開策として，国内では搾取と収奪のいっそうの強化に，海外では中国や東南アジア諸国など発展途上国をはじめとする新市場への展開に取り組んだ[9]．

このように不況下で商品の価値実現に苦しむ大企業が搾取と収奪を強めたことこそが，先述の格差拡大を招いた直接の原因である．しかしそうした社会構造を生み出す契機になったという意味で，私は「プラザ合意」に注目する．

第2の原因は政府が採用してきた新自由主義政策である．競争万能論や受益者負担論（応能負担主義）などに基づき，政府が必要な規制を緩和あるいは撤廃し，公共部門の一部を完全民営化または民間委託する部分を増やした結果，一方では，市場や雇用関係において大企業（独占資本）の支配力が増し，収奪や搾取がいっそう強まるとともに，他方では，社会保障や生活基盤の市場化・切り下げが進展した．

日本では1990年代後半以降の「構造改革」などによって，新自由主義政策が以前にもまして本格的に取り入れられてきた．例えば，労働者派遣法の改定に代表されるように，労働法制の規制緩和や撤廃がなされた結果，日本では1990年代末以降賃金が低下し，正規雇用労働者の「リストラ」（首切り）や非正規雇用比率が急速に拡大してきて，所得格差を生んだ．

商業政策においても，一部の例外を除くと総じて規制緩和が相次いで実施されてきた．従来存在した大規模小売店舗法は，一定以上の床面積をもつ大型店に対して，新規出店や営業時間・年間営業日数などを規制してきたので，長年にわたり中小商業者を保護する役割を果たしてきたが，1989年から継続してもたれた日米構造問題協議でアメリカ側が流通近代化を阻むものとしてクレームをつけ，その後規制緩和された後，最終的には廃止されることになった．現

在では，大店立地法など「まちづくり三法」による出店規制へと変化している．つまり商業調整の問題から都市問題へ対象領域を拡大した．しかし，これらの法律は大型店の出店を直接規制するものではないため，その後，郊外への大型店の出店ラッシュを招来し，それらに客足を奪われた中小商店が多数閉店し，商店街がいっそう衰退した．このように現代流通においては，成長する大規模商業資本と，倒産・衰退する中小商業者の格差が明確に現れている．

　ところで新自由主義政策自体は1970年代からみられ，日本でも遅くとも中曽根内閣の1980年代初頭の頃からとられてきているはずなのに，「格差社会」という言葉が頻繁に用いられ，その実態が問題にされるようになったのは1990年代末頃からである．この乖離はなぜ生じたのであろうか．

　戦後日本では加工・組み立てなどの巨大製造企業のもとに二次，三次と連なる多数の下請け中小企業が存在し，「二重構造」と呼ばれる産業構造を形成してきたのであり，元々資本規模に基づく利潤率格差は存在してきた．しかし高度経済成長期には中小企業にもある程度の利潤がもたらされ，労働者の賃金もかなり上昇し消費生活も目立って向上したので，今日ほど格差が問題になることはなかった．さらに日本の場合には，低成長期に入って以降も基軸産業の高い国際競争力に基づき輸出が拡大したため，他の先進国に比べて高い成長を持続できたのである．

　それが大きく変化するのは「プラザ合意」が生み出した「バブル経済」が崩壊する1990年代以降の時期であった．「バブル崩壊」直後は戦後50年体制の崩壊などもあったが，そうした混乱を経て「失われた20年」の間に，市民の生活防衛意識を取り込んで保守政党が地盤を強化した．また日米構造問題協議など米国からの外圧を利用しながら，従来なかったような規制緩和政策が矢継ぎ早に実施されたのである．特に格差拡大に拍車をかけたのは，①国際競争力回復を錦の御旗に「雇用柔軟化」と称して実施された非正規雇用の拡大，②財政赤字を理由とする各種社会保障の切り下げ，③公共事業への民間参入など大企業への利益保障の拡大，④優遇税制や規制緩和など投機の促進などであった．

以上みてきたように，新自由主義政策は大企業の競争力回復・強化を支えるために生まれてきた．それは市民や労働者，中小業者を擁護する規制まで撤廃し，大企業の自由度を高めた．また競争を万能視し，福祉・医療・教育など国民生活支援の分野で国が責任を放棄するので，下層の底割れが進行したのである．

3．新自由主義的競争政策の影響

ここでは，日本の「格差社会」を作り出した新自由主義的競争政策が社会の各部面にどのような形で格差を広げていったのかについて，① 企業経営，② 消費生活，③ 商品流通の各部面で特徴的な傾向を簡単にみておこう．

(1) 企業経営に対する影響

労働部面では正規雇用を非正規雇用に置き換える動きと賃下げ，労働強化と長時間化が進行し，その他の社会部面でも競争が蔓延した結果，多くの人々が多忙化し疲弊の度合いを増している．

新自由主義的競争の影響は多様な部面に現れている．まず競争促進のための規制緩和政策がとられた結果，ほとんどの市場で競争が激化し，業種の広がりや価格下落幅からみて未曽有の低価格競争が常態化した．こうしたもとで多くの企業が利益率を低下させた結果，各業界の再編が加速し，資本の集中がいっそう進展し，資本の規模別格差を拡大した．

このうち独占資本と呼べるような巨大企業は，一方では企業内で労働者からの搾取を強めている．非正規雇用による正規雇用の代替や一時金カット，トータル賃金を削減する「能力給制度」への賃金体系の転換などによって賃金を削減し，労働分配率を引き下げた．同時に労働強度を強めたため，労働者の間に疲労を蓄積し，精神疾患を広め[10]，最悪の場合には過労自殺まで生むような「ブラック企業」が増えている．またコスト削減の行き過ぎが，工場事故の多発，商品の安全性の低下や偽装表示など，企業不祥事の頻発を生んでいる[11]．

巨大企業は，他方では他の中小企業や消費者から価値収奪を強めた．下請け
サプライヤーや商品の仕入れ先に対しては買い叩きを行い，自社商品の販売に
おいては有利な形で取引を行うことによって不等価交換による超過利潤を増や
している．その結果，経営状態の悪化した中小企業の倒産が増えている．

さらに巨大企業を中心に，近年では中小企業の一部も直接投資を行い，海外
に製造拠点や販売拠点を設けるなど，国外での企業活動の比重を高めている．
この結果，国内では「産業空洞化」現象が起きており，雇用が失われ失業率が
高止まりするとともに，技術の流出が生じている．

(2) 消費生活に対する影響

前項でもみた通り，大企業による収奪強化が中小業者の苦境と倒産を拡大し
ている．さらに内需不足と利益率の低下は企業の多国籍化を通じて「産業空洞
化」を進め，国内で不況を長期化させてきた．企業間競争の激化の影響を受け
て労働者の賃金が低下し，倒産やリストラによる失職が増えているため，消費
生活面では所得の減少が消費購買力を弱めている．当面必要とする物以外は買
わないという買い控えを生み，また商品を購入する場合にも，この間消費者は
低価格志向を強めてきた．

所得減少は時間的・精神的余裕の欠落とも合わさって，子どもが欲しいが出
産を断念せざるをえない家庭を増やし，社会全体での少子化が進展した．2013
年時点で日本の合計特殊出生率は 1.43 だが，これは社会の人口を安定的に維
持するのに必要とされる 2.07 を大きく下回っている．これほどまでに極端な
少子化は，そもそも社会に様々な歪みを生むし，また購買力の面では将来にわ
たる市場の縮小を意味している．

競争激化が社会的閉塞感と疲弊を強めた結果，健康志向の商品や，マッサー
ジなど身体のリフレッシュや家事労働を減らす家事代行サービスに対する需要
が高まっている．また買い物時間の節約要求が高まっており，買い物の利便性
を追求し，ネット通販や宅配型の販売など新しいサービスを求める動きが生じ
ている．

(3) 流通に対する影響

　流通部門においても資本集中が加速し，大規模小売業が急成長する一方，商店街を構成するような中小小売企業や零細業者が淘汰されている[12]．例えば，1991 年に 9,009 店に過ぎなかった大規模小売店舗は 2007 年には 1 万 7597 店へと倍増している（表 2 参照）．この結果，年齢階層の高齢化が進むもとで，高齢者の中には「買い物難民」が増えている．また中小零細小売業の倒産や停滞は，卸売業にも影響を及ぼしている．小売業への商品販売が困難になった卸売業者のところでも，倒産や停滞が常態化し，卸売部門におけるM＆A（合併・買収）など資本の集中を加速し，地方の卸売業者が全国展開する卸売業者の傘下に組み込まれるなど，現在，全国規模で卸売業の再編が生じている（表 3 参照）．

　低価格競争の激化に呼応して物流システムが見直され，物流効率化によるコスト削減が図られるとともに，垂直的競争が激化している．

　また小売業を中心に独占的商業資本と呼べるような大手小売企業が成長してきた．これらの企業は中小業者に比較して有利な条件で取引するため，中小業者の経営が厳しさを増し，企業倒産や廃業が多くの業種や業態に広がっている．

　ところで，小売業，卸売業などの流通業界や，居酒屋チェーンやファストフードなどの外食業界は非正規雇用の低賃金化で推進役を演じている．アパレル小売業や居酒屋チェーンなどでは「ブラック企業」と呼ばれるにふさわしいよう

表 2　日本における大規模小売店舗数の推移

	1985 年	1988 年	1991 年	1994 年	1997 年	1999 年	2002 年	2004 年	2007 年
店舗数	7,249	8,178	9,009	11,826	14,056	15,226	16,407	16,279	17,595

（出所）経済産業省「平成 21 年版我が国の商業」より作成．

表 3　日本における卸売業の推移

	1994 年	1997 年	1999 年	2002 年	2004 年	2007 年
事業所数	429,302	391,574	425,850	379,549	375,269	334,799
従業員数	4,581,372	4,164,685	4,496,210	4,001,961	3,803,652	3,526,303
年間売上	514,316,863	479,813,295	495,452,580	413,354,831	405,497,180	413,531,671

（注）年間売上高の単位は 100 万円．
（出所）経済産業省「平成 21 年版我が国の商業」より作成．

な過酷な雇用実態があり，最悪の場合には労働者が過労自殺に及んだ末，会社
側がその事実を認めないため家族が起こした訴訟を争い，会社側が敗訴すると
いう事例も起きている．これらの業界では，学生アルバイトなどいわゆる周辺
労働力が雇用のかなりの部分を占めており，これまでも賃金水準は高くなかっ
た．しかし以前であれば，景気が回復した時には雇用を増やし，不況に落ち込
んだ時には雇用を減らすという雇用の調整弁としての役割を果たすことができ
たのであるが，1990年代以降現在まで続く「失われた20年」には，国内は長
期不況で内需不振が続いているため，もはや雇用調整機能を果たせなくなった．
そればかりか低価格競争の昂進によって，多数の産業分野で企業の収益構造が
悪化したため，さらなる賃金引き下げまたは労働強化に拍車がかかったのであ
る．

4．新自由主義に関わる概念の整理

ここでは，新自由主義に関わって，いくつかのキー概念を少し詳しく検討し
てみよう．

(1)「格差社会」とは何か

社会科学的にみれば，主要には資本家階級と労働者階級とからなる資本主義
社会は，資本家が労働者を搾取することを根本原則としており，その結果とし
て前者が後者とは比べ物にならないほどの富を手にすることを是認している．
また学問の世界でも社会科学を中心にして，これまでにも貧富の格差拡大を指
摘する研究は存在してきた．このように格差の拡大自体は資本主義社会一般に
みられる現象である．

一方，「格差社会」という名称は近年になって日本で頻繁に使われるように
なってきた．したがって「格差社会」を問題にする場合には，資本主義一般の
格差拡大とは区別される歴史的・特殊的条件を示す必要がある．私は，巷間言
われる格差社会とは，資本主義社会の，独占段階（20世紀以降）の中の，新自

由主義段階（1970年代後半以降の小段階）における現象であり，日本においては1990年代後半以降の時期に顕著となった事態を指す概念ととらえている．

　今日の日本で「格差社会」と言われる場合，その多くが高所得者と低所得者との間での所得格差を指して使われているが，私は，その本質は低所得者層の底割れにあるとみている．たしかに一方の極には土地売買や株式投資の成功などによって巨万の富を築いた億万長者がいるが，それらはごく少数に過ぎないのに対して，今日では市民の大半が所得を減らし，生活実感としても苦しくなったと回答する者が多数にのぼるからである．新自由主義的競争がもたらす種々の矛盾は，高齢者や障がい者，母子家庭，若者など社会の最も弱い環に集中的に表れる．

(2) 新自由主義的競争の特質

　上記1点目とも関わるが，次に競争の概念について整理しておこう．まず資本間の競争に限らず，競争の一般的特質について言えば，概して競争は二面的性格を有する．1つは，限られた成果をめぐって争うことから生じる他者の蹴落としという意味（competition）である．もう1つは競争の参加者が互いに切磋琢磨することの結果として個々の能力を高めるという意味（emulation）である．前者の例としては，高校野球などのスポーツ大会で優勝チームが勝ち進めば，試合を重ねるにつれて敗戦チームが振るい落とされていくことなどであり，後者の例は，対戦者が互いに競い合うことで，負けた方も勝者から学び，また勝とうと努力することから能力が高まることが挙げられる．

　資本主義的市場で展開される資本間競争も，一方では競争である限りそうした一般的特性を有する．例えば，市場において限られた需要の獲得を目指す競争では，需要を逃がす企業が生まれるし，もしそれを逃し続けるなら市場からの撤退を余儀なくされることにもなる．他方，ライバルである製造企業同士が市場で競争することを通じて技術革新が生まれ，互いに技術開発力を高めていくことなどが後者の例にあたる．

　こうした競争の一般的特質を有しながら，剰余価値の取得をめぐる資本間競

争は，他方ではそれに固有の特質をも有している[13]．飽くなき利潤追求を本性とする資本は，①儲かるところであればどこへでも進出し，非市場領域まで市場競争の中に引き入れて，②市場参加者にコスト削減を強要し，③自己の商品の価値実現のために心血を注がせるであろう．その結果，例えば，①市場化されたところでは共同体的紐帯が破壊され殺伐とした状況となり，②人間の命や健康，自然環境の保全などの限界点を超えて企業活動が行われ，③価値増殖のために過剰な商品が作られ，過剰な宣伝が繰り返されるなど無駄が創出される弊害を生んでいる．

ところで，今日の市場で展開される競争を自由競争の名で呼ぶ者もいるが，それは間違いである．自由競争とは19世紀以前の資本主義（資本主義の自由競争段階）に実在していた競争のことである．これに対して20世紀以降に生まれた資本主義の独占段階の市場では，資本規模で分類したとき，①大手対中小も，②大手対大手も，③中小対中小も，そのどれもが独占の規定を帯びた競争となっている．ここで言う独占とは，自由競争に対立する概念で，市場でパワーを有する主体が他者を支配し，不等価交換することによって取引を通じて富を増やす位置にあるという資本間の関係（支配・強制の関係）を表す概念である．20世紀以降の独占資本主義段階の市場における競争は，こうした独占を内に含み込んだ競争であるということが固有の特質をなしている[14]．

さらにこうした独占段階の中で，1970年代以降，主要な先進資本主義国では新自由主義的政策がとられてきた．それ以前には福祉国家政策やケインズ主義に基づく有効需要創出政策などがとられたが，この時期を境に国が自ら競争を促す規制緩和政策がとられたため，市場においては新自由主義的競争が激しく展開されるようになった．資本主義の独占段階における小段階としての新自由主義段階においては，大規模資本と小規模資本とが同じ土俵に上りまともにやり合うので，当然大資本が圧勝することになる．他の競争と比べた場合，新自由主義的競争の独自の特徴は，概して競争に敗れた者が再び元の位置に戻れないことにある．先進資本主義各国では，新自由主義的政策がとられた結果，この資本間の競争の影響が社会全般に及んでいる[15]．

新自由主義的競争の概念は，以上にみてきた競争の一般的特質からそれに固有の特質までのすべてを含んでいる．

ところで，新自由主義政策を採用する国家が，自ら競争の障害要因を除去し，規制を緩和して資本に自由に行動させる政策をとるのは，それが新古典派的な市場観に基づき，市場における競争が最適な解をもたらすとみる市場万能主義の立場をとるからである．先述した競争の特質との関係でみれば，その競争観は，競争一般が有する特性の１つである切磋琢磨による競争参加者の成長という競争の肯定的側面を重視していると言えよう．しかし同じく先にみたように，今日の市場における競争は資本による競争であり，しかも自由競争ではなく独占の規定を帯びた競争であり，さらには新自由主義政策の影響を受けて，競争に敗れたものが元の位置に復帰できないという特性をも併せ持っている．巷間言われる日本の「格差社会」の弊害もそこから生まれている．したがって，政府，あるいは独占禁止法の運用を担う政策当局が，市場支配力を有する独占資本に対して厳格に規制を行わないならば，競争の有する様々な否定的側面が表面化することになる．

(3)「公正な競争」とは何か

３つ目に，公正な競争とは何かを問い直す課題もある．

日本の法律では，「私的独占の禁止及び公正取引の確保に関する法律」（いわゆる独占禁止法）第19条が，不公正な取引方法を禁止している．独禁法で「不公正な取引方法」とされているのは，まずすべての業種に適用される一般指定として，① 取引拒絶，② 排他条件付取引，③ 拘束条件付取引，④ 再販売価格維持行為，⑤ 優越的地位の濫用，⑥ 欺瞞的顧客誘引，⑦ 不当廉売などを指定している．そこでは，「自由な競争が制限されるおそれがあること」「競争手段が公正とはいえないこと」「自由競争の基盤を侵害するおそれがあること」といった観点から，公正な競争を阻害する恐れがある場合に，不公正な取引方法が禁止されるとされている．

また公正取引委員会が発行している『独占禁止白書』によれば，① 私的独占

（排除型と支配型），② カルテルや入札談合などの不当な取引制限行為，③ 抱き合わせ販売，不当廉売などを公正な競争を阻害する行為として禁止している．

しかしここで言う「公正な取引」か否かを判定する基準がかならずしも明確ではなく，また他の先進資本主義諸国と比べた時，日本は概して独占禁止法の規制と適用が緩いため，実態としては不公正な取引が横行している[16]．そのため様々な規制を緩和すれば，弱者に対して強者からの強力なパワーと競争圧力がかかることになる．新自由主義思想は，競争こそが最適解をもたらし，弱者の淘汰はその結果だから仕方ないと理解し，日本の政策当局も「大手が伸びるのは消費者の役に立っているからで，問題はない」という．だが大手と中小とではそもそも取引条件が違い中小が越えられない壁が存在しているのだから，中小の側に政策的にかなりのアドバンティッジを設けない限り，これを公正取引と呼ぶことには無理があると考える．

5．問題解決の方向

現在，日本の社会格差が様々な問題を生んでいるため，これらの問題を根本的に解決するためには，格差を是正する政策をとらなければならない．

(1) 消費購買力・内需の拡大

「失われた20年」で活気を失った日本経済を再生するためには，内需，とりわけGDPの6割を占める個人消費の回復が肝要である．そのためには所得の底上げが必要であろう．グローバル化した現代市場で，先進国の労働者は途上国の労働者と賃金水準を競わされている．労働組合や市民運動の対抗力など現行の諸条件が変わらなければ，労働力の価値が世界的に平準化するまで先進国の賃金切り下げは続くと思われる．一方，日本の巨大企業には，賃下げをはじめとするコスト削減が奏功して，この不況下でも空前の利益をあげるものが少なくない．

従来の政府の産業政策の中心は，以前は輸出主導型であった製造業の大企業

に，優遇税制や技術開発助成など様々な形で支援するものであった．しかしこうした企業の多くは現在では多国籍化しているため，当該企業の競争力の向上にはつながっても，その効果が国内に還元されなくなっている．しかも直近1，2年を除くと，こうした企業が競争力を高めるたびに為替が円高となり日本からの輸出が不利になるから，さらに海外現地生産を進めるという悪循環に陥っていた．

日本経済の再生では輸出ではなく，内需に目を向けるべきである．特に消費購買力が抜本的に回復するには，勤労者の平均給与や最低賃金の底上げが必要である．また同一価値労働同一賃金の原則を徹底する必要がある．さらに，ワークライフバランスをも考慮し，労働者の権利として年休取得を保障するとともに，違法な無償労働である「サービス残業」を厳しく取り締まり，そこで生まれる労働需要を新たな雇用に結びつけることが有効である．こうした結果，消費者には購買力とともに余暇サービスを消費する時間も生まれ，経済の再循環に結びつくことが期待される．

(2) 中小商業問題の解決方向

日本経済の再生ではまた，企業数では99％を，雇用でも約7割を占める中小企業・零細業者の経営を立て直すことが大事である．ここでは小売商業に限定して解決策を検討しよう．

現在，日本の商業ではいくつかの業種や業態にみられるように，大手小売業が成長を遂げる一方で，商店街を構成する中小・零細小売商が倒産・廃業し，二極化が鮮明になっている．後者の衰退は卸売業にも影響してその再編を加速し，卸売業においてもいわゆる寡占化の傾向を強めている．小売業でも卸売業でも，現行では中小零細商業者には，大手に比して越えられない限界が存在している．中小商業問題では主要には中小業者の社会的役割の視点，副次的には生存権の視点が大事である．

たしかに商品購入者の利便性の面では，家族で営む小売商店やそれらの集合体である商店街は，一部の例外を除くと，商品の費用対効果の面では大規模小

売業に及ばないことが多い．中小零細商業者は，店舗面積の制約から概して品揃えは少なく，規模の経済が働かない分，同一商品で比べても，郊外に立地する大型小売店などより価格が高くなるなど，商品購入者には見劣りする存在である．公正取引委員会など日本の政策当局が，中小商業問題が深刻化しても大手との格差是正に動かない理由の1つは，大手は消費者の役に立っているからこそ消費者が大手を選択しているのだという理解にある．しかしこれらは単に商品の購買レベルでみた評価である．

　他方，社会的なレベルでみれば，小商店や商店街は地域共同体を構成する一員として社会的役割を果たしてきた．すなわちそれらの店は，移動手段を持たない（あるいはそれが不足する）家庭にとっては貴重な商品の購入場所となり，人間的な会話を伴う対面販売を行い，防犯にも役立ってきた．また消防団の構成員となり，地域の祭りを開催し，近所の清掃や水撒きを行うなど，地域社会で必要とされる社会的役割を果たしてきた．いま日本の大半の商店街が「シャッター商店街」となって活気を失い，先の社会的機能が果たされなくなる結果，当該商店街が存在するまち自体が衰退するなどの問題が表面化している．さらに付言すれば，全国展開している大規模チェーン小売業の場合，当該企業の直営店やフランチャイズ店が当該地域で得た営業利益について，少なくともその一部がチェーン本部の利益となるため，当該地方自治体にとっては，その分財政収入の減少となる問題もある．

　中小商業問題を論じる際には，商品購入レベルと社会レベルの問題を区別し，中小商業者の果たす社会的役割を正当に評価する必要がある．急激な高齢化が進む昨今，徒歩圏内に存在する中小小売店は，購買アクセスの点でも，また地域のコミュニケーションの場としても重要な機能を果たしている．また「シャッター商店街」化によるまちの衰退の問題も同様である．その意味から，欧州諸国にみられるように，真面目に働く中小業者が生存していける保障を行う必要がある．

　そのためには，先進諸外国で行われているように，独占禁止法の規定とその運用の抜本的強化，大規模商業者に対する出店規制や出店地域の制限，営業日・

営業時間の規制，中小業者に対する政府・自治体からの補助金，経営サポートなど多様な支援が必要である．

ただし，中小業者の側の経営改善も必要である．その中心は個性の発揮と自発性に基づく共同化にある．他店にない独自性を発揮できる店は，現在の激しい競争の中でも顧客を獲得し，生き残っている．そうでない店の場合には，共同仕入れによる仕入れコスト削減やインターネットの活用による品揃えの補填・差別化など，中小業者の同意に基づいてその組織化を進めることが有効となろう．

また商店街の再開発などでは，住民本位のまちづくりの視点が大事である．持続可能性は地球環境だけでなく，文化や経済など社会生活全般で必要であり，外域からの来客増加よりも，文化や住民の快適な暮らしの優先が長続きの秘訣と考える．

(3) 地方の再生

3番目に，日本では都市部への人口や企業の集中が顕著であり，反面地方の過疎化や活力低下が著しい．この地域間格差も是正しなければならない．そのためにはまず，農林水産業の立て直しが急務である．これらの一次産業は政府の政策的軽視の直撃を受け，総じて所得減から後継者難となり，過去数十年間事業者数が激減している．衣食住の安心・安全の確保の面からも地産地消体制の確立が必要であり，その実現に向けて政府には中小零細業者の支援や助成策が求められる．また海洋も含めると世界有数の領域(国土面積)をもつ日本では，エネルギー供給基地として地方が果たす役割は大きい．これまでは1950年代以降，政府の原子力発電偏重のエネルギー政策の否定的影響がみられたが，「原発安全神話」が崩壊し世界的に火山活動の活性期に入ったいま，活断層を全国に抱える日本のエネルギー政策としては，世界の趨勢でもある再生可能エネルギーに重心を移し，それをそれぞれの地域の特性を活かした重点産業の1つに育成することが大事である．また地方居住者が文化や情報などの面で不利を被らないよう，国家が支援することも必要である．生活上の豊かさを多くの国民

18

が享受するためにも，欧州など他の先進諸国に学び，地方分権を取り入れたい．ただしそれは，意思決定権限などでは地方の自律性を高めるが，それを現実のものにするためにも地方に対する財政的保障を十分にすることが不可欠であろう．

おわりに

以上，本章では1990年代末頃から日本で注目が高まってきた「格差社会」の実態，発生原因，格差拡大のメカニズム，問題解決のための政策検討などを行ってきた．

「格差社会」は様々な弊害を生んでおり，消費生活や労働，生産・流通と多様な領域に及んでいる．こうした問題は，現代の企業社会が不可避的に生み出した構造的なものである．それに対して国家が目を伏せるのであれば，問題は何ら解決しない．多数の人々の幸福と社会の進歩に向けて，政府に道を誤らせないためにも，消費者や市民の成長と監視が重要になっている．

当面する格差問題の解決のためには，市場を万能視するのではなく，人間の生活を軸において，市場を相対化する視点が必要と考える[17]．

1）日本の中小企業・小規模事業者は，2012年に385.3万（全体の99.7％）あり，従業員数でみても3217万人（同69.7％）を占めているが，売上高（法人のみ）では44.4％を占めるに過ぎず，企業数では0.3％に過ぎない大企業が過半を占めている（中小企業庁編［2014］，127ページなど）．
2）物づくりの中小企業が一大集積をなすことで有名な東京都大田区では，工場数が1983年の9,190から2008年には4,362に減少し，従業員数も9万5294人から3万5741人に減少している（経済産業省「工業統計調査報告」）．
3）ただしこの金額は2013年には413.6万円となり，前年に比べて1.4％増加した（国税庁［2014.9］）．
4）厚生労働省［2014.2］を参照．
5）総務省［2014.12］を参照．
6）内閣府経済社会総合研究所「平成23年度県民経済計算について」，2014年6月．
7）OECDの調査によると，日本の女性のフルタイム労働賃金は男性の賃金の73.5％

で，ノルウェーの 93.6%，デンマーク 91.2%，フランス 85.9%，アメリカ合衆国の 80.9% などに比べて男女間の賃金格差が大きい．また世界経済フォーラム（WEF，ジュネーブ所在）が発表している男女平等ランキング（2014 年版）でも，日本は全体 142 カ国中 104 位，女性の職場進出でも 102 位と下位に低迷しており，上場企業の取締役に占める女性比率は最下位だという．

8) 現在の傾向が継続すれば，2013 年に約 380 万人と推計した食料品アクセスに困難が想定される人口（生鮮食料品販売店舗まで 500m 以上で自動車のない高齢者）は，2010 年の約 380 万人から 2025 年には 598 万人に 56.4% 増加すると推計され，その増加の大部分は都市的地域であることが報告されている（農林水産省政策研究所「食料品アクセス問題と高齢者の健康」，2014 年 10 月）．

9) 日本企業の海外子会社数は 2012 年度末時点で 3 万 9154 社に達し，2000 年度の 1 万 8710 社から 12 年間に倍増した．製造業は同期間に 1 万 1117 社から 2 万 6771 社へと 2.4 倍に増加している（経済産業省「企業活動基本調査」）．これに対して製造業の従業員数は 2000 年度の 1005 万人から 2012 年度には 810 万人へと約 2 割減少した（厚生労働省「毎月勤労統計調査」）が，海外現地法人の製造業従業員数は 2000 年度の 281 万人から 2012 年度は 436 万人へと 155 万人増加している（経済産業省「海外事業活動基本調査」）．

10) 過労や仕事のストレスから鬱病などの「心の病」になって労災を認められた人は，2012 年度に 475 人（前年度比 1.5 倍）で，3 年連続で過去最多を更新した．うち 93 人が自殺や自殺未遂で，前年度から 27 人増で過去最多であった（『日本経済新聞』2013 年 6 月 22 日付朝刊）．

11) 日本流通学会監修，小野・佐久間編 [2013] を参照されたい．

12) 例えば，2012 年の福井県の事業所数は 1988 年と比べて 60.1% まで減少し，商品販売額でみても 65.5% まで落ち込んでいる．

13) 上野 [1993] は，K・マルクスの『資本論』や久留間 [1968] などをベースにして，マルクスの競争概念を 6 つのモメントでとらえている．すなわち，①経済法則の内的本性の実現，②資本の内的本性，③資本主義の内的法則の転倒作用，④個別資本にとっての外的必然性，⑤ブルジョア経済の諸法則の強制執行者，⑥独占への萌芽の 6 つである（上野 [1993]，2-17 ページ）．

14) 競争と独占とは，どちらも資本間の関係を表す概念であり，かつ相互に相手を否定する関係にある対概念でもある．独占段階では両者が併存するが，主要な契機が独占にあるので，段階を呼ぶのにそれを冠した名称がつけられている（上野 [1993]，18-19 ページ）．

15) 阿部 [2011] は，現代社会の特徴として，雇用や社会制度，人間関係からの「社会的排除」が生じて弱者の居場所がなくなることを指摘し，その解決のために社会学の「社会的包摂」の概念を対置している．

16) それは例えば，担当窓口である公正取引委員会による違反者への勧告や公表件数の少なさにも表れている．公正取引委員会によれば，2012年度に独禁法違反被疑事件として審査を行った事件は275件（うち年度内審査完了262件）であったが，排除措置命令を行ったものは20件，警告6件，注意208件であった（公正取引委員会［2013］，27ページ）．また4月に消費税増税のあった2014年度は，増税分の転嫁に関わって大企業の取引先下請け業者への締めつけが増したこともあり，例年に比べて公正取引委員会の指導件数は増えている．公取委と中小企業庁の発表によると，2014年10月末までに，消費税引き上げ分の転嫁を拒否した疑いのある企業への調査着手件数は3,061件だったが，同期間の指導件数は1,389件，措置請求は3件，勧告・公表は11件と依然少数にとどまっている．2013年10月に施行した消費税転嫁対策特別措置法は大企業による下請け業者への買い叩きなどを禁じているが，指導件数の最多518件は製造業で起きたという（公正取引委員会［2014.11］，『日経MJ』2014年11月24日付）．

17) 近代経済学は市場の肯定的側面だけでなく「市場の失敗」という用語を用いてその否定的側面をも対象とし，後者をいかにして抑え込むかに腐心してきた．そのこと自体は非常に大事なことであるのだが，「市場の失敗」の中には利潤追求を至上命題とする資本主義社会自体が不可避的に生み出すものも含まれる．特に営利企業の利潤獲得と人間生活の豊かな発展が対立することから生じる諸問題（地球環境破壊，南北問題，強制労働問題，人間の能力開発の障害など）の解決を考える場合には，資本主義社会が永続することを前提として，その枠内で実施可能な解決策を模索するだけでは不十分と思われる．その点で，吉原毅氏（城南信用金庫理事長）が以下のように発言されているのは注目に値する．「2012年は『国連協同組合年』です．なぜいま協同組合なのかと考えますと，リーマン・ショックなどの出来事を踏まえて，市場原理主義や資本主義経済のメカニズムが本当に人間の幸福にプラスに働いているのか，問い直しの時期を迎えているのだと思います．お金が万能だという資本主義社会は，人の幸せは何かとか，人間の関係は本来どうあるべきかといった本質的な問題から外れていく性質をもっています．貧富の差，格差をうみ，人と人のつながりを絶ち切ってしまいます．」（吉原［2012.11］，156ページ）．

参 考 文 献

阿部彩『弱者の居場所がない社会―貧困・格差と社会的包摂―』，講談社現代新書2135，2011年

石原武政・加藤司編『シリーズ流通体系第5巻　日本の流通政策』，中央経済社，2009年

井上義朗『二つの「競争」―競争観をめぐる現代経済思想』，講談社現代新書2174，

2012 年

上野俊樹「競争と独占─現代資本主義の基本的法則─」,『現代資本主義をみる目』,文理閣(『上野俊樹著作集』第 5 巻,文理閣,所収),1993 年

加藤義忠・佐々木保幸・真部和義『小売商業政策の展開』(改訂版),同文舘出版,2006 年

久留間鮫造『マルクス経済学レキシコン 1 競争』,大月書店,1968 年

公正取引委員会『平成 25 年版公正取引委員会年次報告書(独占禁止白書)』,公正取引協会,2013 年

公正取引委員会「消費税の転嫁拒否等の行為に関する具体的な事例について」,2014 年 11 月

厚生労働省「平成 25 年賃金基本統計調査(全国)結果の概況」,2014 年 2 月

国税庁「平成 25 年分民間給与実態統計調査」,2014 年 9 月

佐藤嘉倫・尾嶋史章編『現代の階層社会 1 ─格差と多様性─』,東京大学出版会,2011 年

消費者庁編『平成 25 年度版消費者白書』,2013 年

総務省「労働力調査(基本集計)平成 26 年 11 月分(速報)」,2014 年 12 月

中小企業庁編『2014 年版中小企業白書─小規模事業者への応援歌─』,日経印刷株式会社,2014 年

内閣府編『平成 25 年度版経済財政白書』,2013 年

内閣府経済社会総合研究所「平成 23 年度県民経済計算について」,2014 年 6 月

仲上哲『超世紀不況と日本の流通』,文理閣,2012 年

日本流通学会監修,小野雅之・佐久間英俊編『商品の安全性と社会的責任』,白桃書房,2013 年

日本流通学会監修,佐々木保幸・番場博之編『地域の再生と流通・まちづくり』,白桃書房,2013 年

吉原毅「インタビュー 脱原発へ,信用金庫にできること」,『世界』823 号,岩波書店,2012 年 11 月

第2章　組織成果を左右する市場志向の定性的側面
──「獲得情報の非冗長性」と「情報・技術活用の自律性」──

は じ め に

　企業は顧客対応，競争対応，利益計算，事業活動の全社的統合，さらには社会的責任等を考慮して，自らのマーケティング活動を遂行しなければならない．このような考え方は，マーケティング活動を営む際に採るべき基本的姿勢，すなわち「マーケティング理念」（marketing concept）として，実務・学術双方の世界において古くから浸透してきた．しかしマーケティング理念は，それが経営哲学の域を出ず，マーケティング実践に対する具体的な指針を提示できなかった点で批判を受けてきた（Kohli & Jaworski［1990］；Webster［1994］）．

　こうした問題の下に，1990年代以降，マーケティング理念を具体的な活動レベルにおいて議論すべく「市場志向」（market orientation）なる概念が開発され，組織成果に対するそのインパクトを主たる論点として様々な実証研究が蓄積されている．しかし市場志向が組織の成果を高めると主張する研究と，市場志向が成果に逆機能的な影響を及ぼすと主張する研究が混在しており，その論争の決着は未だについていない．

　本章は，こうした論争が発生する根本的原因の1つを，市場志向の概念規定の仕方に求めることができると考える．基本的に既存研究は，市場志向を「市場情報処理の活動量」として捉えてきた（Jaworski & Kohli［1996］）．しかしながら同量の情報処理活動に従事するにしても，そこでどのような情報を収集し，そしてどのように活用するか，という定性的側面が組織間において異なり，ひいてはその違いが組織成果の差異を発生させることは容易に推測できる（Kohli

24

& Jaworski［1990］；猪口［2012］）．それゆえ，市場志向の定性的側面を考慮した上で，市場志向の成果に対するインパクトを検討することが必要になるのである．

　以上の問題意識を踏まえ，本章は Christensen［1997］およびそれを理論的に補完している社会ネットワーク論と資源依存モデルを基盤として，市場志向の定性的側面が組織成果に及ぼす影響力の解明を目指す．Christensen［1997］は，組織成果に重大な影響を及ぼすのは，市場情報処理活動の定量的側面ではなく，むしろその定性的側面であること，そしてその定性的側面を背後で規定しているのが，組織が埋め込まれた取引のネットワーク構造と顧客への資源依存であることを示唆しているからである．

　また本章が注目する組織は，流通業者を通じて最終消費市場に製品を投入する消費財製造業者とする．したがって，① 市場志向のどのような定性的側面が製造業者の成果に影響を及ぼすのか，そして，② マーケティング・チャネルのネットワーク構造と流通業者との資源依存関係が，市場志向の定性的側面をいかに規定するのか，これら 2 点を理論的に説明することが研究課題となる．

　論文の構成は以下のとおりである．第 1 節では，市場志向研究の系譜を概観し，その問題点を示す．第 2 節では，この問題を克服する上で有用な Christensen［1997］をレビューし，市場志向の定性的側面を抽出する．第 3 節では，社会ネットワーク論と資源依存モデルを援用しつつ，マーケティング・チャネルの文脈に即して，市場志向の定性的側面とその先行条件および成果との因果関係を説明する．第 4 節では，本章の最終的な概念モデルと仮説が提示され，そして最後に，結論と今後の課題が示される．

1. 市場志向研究の系譜と問題の所在

　市場志向研究の先駆的業績である Kohli & Jaworski［1990］は，既存文献のレビューや企業インタビューに基づき，市場志向を「市場情報（market intelligence）の生成，組織部門間における市場情報の普及，そして，その情報に対する組織的反応」として定義した．ここで市場情報とは，現在および将来

の顧客ニーズと，それらに影響を及ぼしうる競合他社の動向等に関する情報が含まれる．彼らの定義では，市場情報の収集に始まり，組織内での分析・解釈および他部門との情報共有を経て，その情報をマーケティング諸活動に活用するまでの一連の情報処理活動を包摂したものとして市場志向が捉えられており，組織がこれらの活動に従事するほど，より「市場志向的」（market oriented）であると判断される．

また Day［1994；1999］は，市場志向によって培われる組織能力を「市場感知能力」（market sensing capability）と呼び，市場情報の収集を通じて課業環境の変化を鋭敏に察知し，その中から新たな市場機会を見出し，その機会を生かす秀でた能力こそが，市場志向的な組織の特徴であると主張する．市場志向の定義に関しては，研究者によって表現方法や強調点に違いがあるものの，相互に矛盾するものではなく，総じて市場機会の捕捉を目的として従事される情報処理活動として概念化されている（Jaworski & Kohli［1996］）．

市場志向研究は以上のような認識に基づき，市場志向の概念妥当性や関連諸変数との因果関係について，盛んに実証研究を展開してきた．その初期の代表的成果である Jaworski & Kohli［1993］は，SBU レベルのサーベイ・データを用いた実証分析より，市場志向はビジネスの成果に対して正の影響力を有し，またその影響力は市場環境の変動に対して頑健であると結論付けた．こうした初期の研究を受け，その後も多数の国や産業を対象に多くの実証研究が蓄積されることになったのであるが，表1からも明らかなように，それらの結果は1つの方向に収斂するというよりもむしろ，やや混乱した様相を示している[1]．

たとえば Narver & Slater［1990］，Jaworski & Kohli［1993］，Slater & Narver［1994］，Subramanian & Gopalakrishna［2001］，水越［2006b］においては，市場志向は組織成果に有意な正の影響を及ぼすことが示されたものの，Greenley［1995］，Bhuian［1997］，Harris［2001］では，そのような直接的な影響力は見られなかった．さらに，経済危機後のタイの企業を対象とした Grewal & Tansuhaj［2001］では，市場志向と組織成果の間に負の関係が発見されている．

また多くの既存研究は，市場志向と組織成果の直接的な因果関係と併せて，

表1　市場志向の主な実証研究の結果

研究者と調査国	市場志向の組織成果に対する主効果 （括弧内は用いられた成果変数）	環境のモデレート効果 （括弧内は用いられたモデレート変数）
Narver & Slater (1990)，アメリカ	＋（ROA）	U字型（コモディティ市場）
Jaworski & Kohli (1993)，アメリカ	＋（自身の過去の業績やライバルの業績に比した総合的成果）	n.s.（市場変動の激しさ，競争の激しさ，技術変動の激しさ）
Slater & Narver (1994)，アメリカ	＋（ROA，売上成長率，新製品の成功度）	n.s.（市場変動の激しさ，競争の激しさ，技術変動の激しさ，市場成長率）
Greenley（1995）， イギリス	n.s.（ROI，売上成長率，新製品の成功度）	－（市場変動の激しさ，技術変動の激しさ） ＋（顧客の交渉力）
Bhuian（1997）， サウジアラビア	n.s.（ROA，ROE，従業員1人当たりの売上）	
Subramanian & Gopalakrishna (2001)，インド	＋（ROC，利益成長率，新製品の成功度，営業費の抑制，顧客維持能力）	n.s.（競争の激しさ，市場変動の激しさ，顧客の交渉力）
Grewal & Tansuhaj (2001)，タイ	－（ROI，売上，利益，成長性等の財務目標に対する総合的な満足度）	＋（需要不確実性，技術的不確実性） －（競争の激しさ）
Harris（2001）， イギリス	n.s.（売上成長率とROI，およびそれらに対するマネジャーの主観的評価）	－（市場変動の激しさ） ＋（競争の激しさ） n.s.（技術変動の激しさ）
水越（2006b）， 日本	＋（営業利益の伸び率，新製品の売上割合，新製品の成功割合）	

（注）　＋は正の有意な影響が，－は負の有意な影響が見られたことを，またn.s.は有意な影響が見られなかったことを，それぞれ示している．

環境諸要因のモデレート効果についても分析を行ってきた．しかしながら表1に示されるように，モデレート効果の有無や正負の方向についても，相反する分析結果が混在している．

　こうした分析結果の混乱について，幾つかの研究はその原因を分析対象企業が属する産業，国籍，さらには文化の違いに求められうることを示唆している（e.g. Han, Kim & Srivastava[1998]；Harris[2001]；Kirca, Jayachandran & Bearden [2005]）．確かに，産業や文化の違いが異なる分析結果をもたらす可能性は否定できず，それゆえ新たなモデレート変数を追加することで1つの回答が得られるかもしれない．しかしながら，その新変数の導入が恣意的なものである限り，「その研究は，たまたまその変数を導入した」というアドホックな性格を免れること

第 2 章　組織成果を左右する市場志向の定性的側面　27

はできず[2]，市場志向研究の知見は収斂するどころか，ますます混迷を極めることになるであろう[3]．

　このような問題を念頭に置くならば，そもそも問われなければならないのは，市場志向それ自体の概念規定の仕方である（水越［2006a］）．多くの既存研究は市場志向を，市場情報の収集量や組織内での情報共有度，さらには情報活用の程度やリアクションの早さという，情報処理活動の従事量として概念化し，それらの活動量を増やせば組織成果が向上すると想定してきた（Jaworski & Kohli ［1996］）．しかし既に Kohli & Jaworski ［1990］が指摘したように，情報処理活動の量的努力は必ずしも市場志向の質的な高さを保証するものではなく，たとえ同量の努力を投下するにしても，その質が違えば結果として組織成果の水準が変わることは容易に推測できる．それゆえ情報処理活動の定性的側面によって市場志向概念を捉え直し，その上で市場志向の組織成果に対する影響力を説明することが急務になるのである[4]．

　加えて本章は，消費財製造業者を主体として市場志向を論じるがゆえに，究極的な顧客たる消費者のみならず，流通業者の存在にも目を向けなければならない．既存研究は製造業者の市場志向に対する流通業者の影響力については明確な言及を避け，流通業者は，消費者と同様に製造業者が適応すべき顧客として，もしくは製造業者の利益を収奪する環境要因として導入されてきたに過ぎない（e.g. Narver & Slater ［1990］；Jaworski & Kohli ［1993］；Greenley ［1995］；Harris ［2001］）．しかしながら，こうした流通業者の扱い方は一面的であり，問題視される[5]．

　田村［1996］は，消費市場の多様化および予算制約の関係から，今日の多くの製造業者は伝統的な市場調査技法を通して市場動向を詳細に把握することが困難になっていること，その一方で，製造業者が必要とする洗練された市場情報は，むしろ流通業者がその多くを掌握するようになっていることを指摘している．その意味において流通業者は，製造業者が市場動向を捕捉する際の重要な窓口になっているといえよう．それだけではない．今日の幾つかの流通業者は，消費者の代弁者として製造業者の製品開発に多大な影響力を行使している．

また，たとえ製造業者が独自に新たな市場機会を見出し，それに応えうる新製品を市場化したとしても，それに対する消費者の反応が流通業者にとって満足いくものでないと映れば，その製品は即座に店頭から排除され，製造業者はそれ以上の製品育成努力を投入することが困難となる．この点において流通業者は，製造業者の市場適応のあり方を制約する，いわばゲート・キーパーとしてのポジションを占めているのである．

　本章は，このような流通業者の存在が，実は製造業者の市場志向に多大な影響を及ぼしていると考える．すなわち製造業者がどのような市場情報を収集できるのか，そして自らの保有する情報や技術をどのように活用しうるのかは，チャネル構造および取引関係によって変化する，ということである．

　以上の点を踏まえ，次節においては市場志向の定性的側面の重要性を示唆している Christensen［1997］を吟味し，まず組織一般のレベルにおいて，市場志向の定性的側面の抽出とその組織成果への影響力の説明を試みる．次いで第3節においては，説明対象を消費財製造業者に限定し，流通業者との間に確立されたチャネル構造および取引関係が，製造業者の市場志向と組織成果にいかなる影響を及ぼすのかを検討する．

2．市場志向の定性的側面

　市場志向と組織成果の関係を論じるにあたっては，市場志向ないしはそれを支える情報処理活動の定量的側面ではなく，むしろ定性的側面に注目する必要がある．これが前節の基本的な主張であった．それでは，情報処理活動のどのような定性的側面が組織成果に影響するのであろうか．本節では Christensen［1997］を基盤として，この問題を明らかにする [6]．

(1) イノベーションのジレンマ

　Christensen［1997］は，ライバル企業との競争の感覚を研ぎ澄まし，顧客の意見に注意深く耳を傾けている優良企業が，業績を低下させ競争優位を喪失す

る現象に注目し，組織の規範と技術革新の観点から，そのメカニズムの説明を試みた．

Christensen［1997］によると，顧客対応と競争対応の重要性が浸透している優良企業には次の規範ないし慣行が存在する．第1に「組織にとって取るに足らない利益しかもたらさない外縁市場に散在する小規模な顧客群よりも，規模が大きく高い利益をもたらす主要顧客群の中に市場機会を見出し，そこで競合する他社に先行すること」，第2に「その主要顧客群のニーズや意見に忠実に対応し，彼・彼女らが望まないアイデアや技術への投資を排除すること」である．

Christensen［1997］によれば，顧客対応と競争対応の重要性が浸透している組織は，いかに困難な技術であっても，それが主要顧客の重視する性能を向上させる限りにおいては，革新を成し遂げ，高い成果を収めてきたという．しかしそのような組織でさえも，ある種の環境変化によって成果を低下させ，競争優位を失ってしまう．その契機となるのが「破壊的技術」の登場である．

破壊的技術とは次のような特徴を持つ技術である．第1に，その登場時には主要顧客が重視する性能の要求水準を満たせず，それゆえ主要顧客に「使えない代物」と判断される技術，第2に，主要顧客が重視する性能とは別の次元において既存技術より優れた特性を持っており，その性能次元に価値を見出す少数の顧客に支持される技術，第3に，時間の経過とともに持続的革新を遂げることで既存主要顧客の製品性能要求をも満たすようになり，かつ別の性能次元での優位性を生かして主要顧客をも吸引し，新たな大規模市場を創造しうる技術である[7]．

破壊的技術が登場した場合，顧客対応と競争対応の重要性が浸透している組織は，それを「主要顧客が望まない技術」と見なして投資を打ち切ってしまう．この決定が当該組織の成果を低下させ，破壊的技術を擁する新規参入企業に主導権を奪われる原因となる．このリーダーシップの交代劇を説明すれば，次のように要約できる．

まず当該組織は，破壊的技術が主要顧客のニーズを満たせず，それゆえ大き

な市場機会をもたらさないものと判断して，また破壊的技術のスペックに対する主要顧客の冷ややかな反応を受けて，それに対する投資を排除し，従来の持続的技術の革新に注力する．しかし一般に技術革新のペースは顧客ニーズの上昇ペースを上回るため，ある時点からは主要顧客の要求水準を上回る過剰な性能を提供し始めてしまうこととなる．

　他方で，そこで見捨てられた破壊的技術は新規参入企業によって採用され，破壊的技術に固有の特性に価値を見出す顧客が開拓されるとともに，技術革新が重ねられ新たな持続的技術としての軌跡を歩む．そして時間の経過とともに後発である破壊的技術もまた，従来の主要顧客が重視する製品性能の要求水準をも満たすことが可能となり，その時点で当初の持続的技術の競争力を消散させる．さらに破壊的技術は既存の持続的技術とは異なる性能次元で秀でた特性を持つため，その性能次元での優位性を生かして従来の持続的技術を駆逐する．

　結果として顧客対応と競争対応の重要性が浸透している組織は，主要顧客の声に束縛されることで，新奇な技術に新たな用途を見出す少数の顧客と，その背後から現れる巨大な市場機会に対応できず，業績を低下させ，競争優位を喪失するのである．

(2) 市場志向研究への示唆

　Christensen［1997］は，組織成果の低下と競争優位喪失の契機を「破壊的技術の登場」という一種の環境変化に求めている．しかし彼自身が述べているように，ここで組織が直面する本質的問題は，技術的問題というよりはむしろマーケティング上の問題である[8]．

　彼の議論が示唆するところでは，市場志向が組織成果に寄与するか否かは，① 市場の「どこに」機会を見出すべく情報収集を行うのか，そして，② 入手情報や保有技術を「どのように」活用するのかに依存している．つまり，いかに顧客対応と競争対応を重視し，そのために市場情報処理に多大な経営資源を投下したとしても，主要顧客の中にのみ市場機会を見出そうとし，そしてその顧客の意向に沿った形でしか情報・技術を活用できないのであれば，環境変動

に対して脆弱になり，組織成果の維持・向上は望めないということである．

それでは，組織はなぜ，専ら主要顧客の中に市場機会を見出そうとし，そして彼・彼女らの意向に沿った形で情報・技術を活用することになるのであろうか．Christensen［1997］は，その理由として以下の2点を挙げている．

第1に，あらゆる組織は「バリュー・ネットワーク」に埋め込まれており，そのネットワークの範囲内でしか顧客ニーズや市場機会を見極めることができないという理由である．バリュー・ネットワークとは，自社製品がより上位の製品市場の構成要素として組み込まれ，その上位の製品がさらに上位の製品市場の構成要素として組み込まれていく，生産者と最終製品市場の間の取引階層構造を意味している．そして組織は，あらゆる顧客や競合他社の動向に全方位的に対応するのではなく，自らが埋め込まれたネットワーク内において情報収集を行い，顧客ニーズや市場機会を把握し，どのような製品性能を高めるべきかを考えて，他社との競争を展開する．それゆえ自らが埋め込まれた取引のネットワークが，市場動向や市場機会を捕捉する際のフィルターないし制約要因になるのである．

第2に，組織がどのような製品開発や投資を行うかは，事実上，顧客によってコントロールされるという理由である．つまり，たとえ組織が新奇な市場機会やそれに対応可能な新技術を見出したとしても，自らの生存に必要な資源を特定主要顧客に掌握されているならば，当該顧客が賛同しない限り，その市場機会や技術に資源を投入できない，もしくは当該顧客のニーズに沿う形でしか活用できないということである[9]．

かくして組織は，自らが埋め込まれたネットワークに束縛されることで，①多様な市場情報の獲得が妨げられ，それゆえ市場に散在する機会を見出すことが困難になり，また，②仮に多様な市場情報をキャッチできたとしても，あるいは新技術を開発できたとしても，既存主要顧客への依存度が高ければ，情報・技術の自律的な活用も困難となる．その結果，市場の外縁から発生する新奇な市場機会に機敏に対応できず，組織成果が低下するのである．

これらの点は従来の市場志向研究からは見えてこない問題である．Christensen

[1997] は市場情報の単なる獲得量や活用量ではなく,「獲得情報の多様性」と「情報・技術活用の自律性」こそが,組織成果にインパクトを及ぼすことを示唆しているのである.ここで以上の議論に基づき,市場志向の定性的側面とその先行条件ならびに組織成果との関係を因果図式として示せば,図1のとおりである.

さて本章は,組織成果に重要な影響を及ぼす市場志向の定性的側面として,「獲得情報の多様性」と「情報・技術活用の自律性」を抽出したわけであるが,他方でそこで依拠したChristensen [1997] の議論には限界も存在している.第1に,彼は特定のネットワークに束縛されること,そして特定顧客に資源を依存することが市場志向の有効性を弱め,結果として組織成果の低下を招くことを示唆しているが,その回避方法については「既存の顧客や市場に依存するな」,「試行錯誤を通して新たな顧客を見出すことが必要だ」という経営者の態度や姿勢に還元しており,理論的には精緻化の余地が残されている(石井 [2002].第2に,彼の議論は主に産業財分野の事例研究に基づくものであり,一般消費財チャネルの文脈に関する言及は少ない.

本章の目的は,消費財製造業者を主体として,その組織成果を市場志向の定性的側面から説明することにある.そして,一般に消費財製造業者は流通業者を通じて自社製品を消費者に到達させ,かつその製品流通過程において他の製造業者と競争していることを念頭に置けば,流通業者といかなる関係が製造業者の市場志向のあり方に影響を及ぼすのかを,理論的に説明しなくてはなら

図1 Christensen [1997] に基づく,市場志向と組織成果の因果モデル

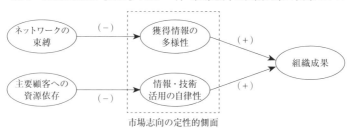

ない.

これらの課題に対応すべく，次節においては社会ネットワーク論と資源依存モデルの知見を加えて，消費財製造業者のチャネル管理状況を考慮した市場志向と組織成果の因果モデルを構築する.

3. 製造業者の市場志向とマーケティング・チャネル

本節では，前節で議論された Christensen［1997］の示唆と問題点を踏まえ，製造業者の市場志向（の定性的側面）が，流通業者とのいかなる取引関係の下に規定されるのかを説明する．はじめに，チャネル・ネットワーク構造が獲得市場情報の多様性に及ぼす影響を社会ネットワーク論の視座から説明し，次いで流通業者との資源依存関係が情報・技術活用の自律性に及ぼす影響を，資源依存モデルに基づいて明らかにする.

(1) チャネル・ネットワークと市場情報の収集

組織は自らが組み込まれたネットワークに束縛されることで，そのネットワークの外縁に存在する多様な市場情報を獲得することが困難になる．前節において述べたように，これが組織成果の低下を招く第1の理由であった．それでは，反対にどのようなネットワークを持つことができれば，多様な市場情報を捉えることができるのであろうか．残念なことに Christensen［1997］は，新規顧客・市場探索の重要性を説くものの，その詳細については明確に述べていない．しかしながら，仮に新規顧客・市場の探索が重要であったとしても，それはただ闇雲に探索すれば良いものではないはずである．このことは理論的には，次のような問題を投げかけている．すなわち，組織が多様な市場情報をキャッチしうるのは，どのようなネットワークにおいてか．もしくは，組織が埋め込まれたネットワークのいかなる特性が獲得情報の多様性を規定するのか，ということである.

こうしたネットワーク特性と市場情報獲得の関係を考える際の有力なアプ

ローチとして，社会ネットワーク論を挙げることができる．社会ネットワーク論は，行為者の行動をその行為者を取り囲むネットワーク構造から分析するものであり，Granovetter［1973］，Burt［1992］，Uzzi［1996］等の代表的研究成果が存在する．ここではこれら社会ネットワーク論の研究成果を手掛かりとしつつ，チャネル構造のあり方が製造業者の市場情報獲得能力，さらには組織成果に及ぼす影響を説明する．

一般にネットワークは，複数のプレーヤー間に存在する関係のパターンを意味するが，Burt［1992］によれば，このネットワークは「社会的資本」という一種の資本をプレーヤーにもたらす．社会的資本は，経済的資本や人的資本のように特定のプレーヤーに占有されるものではなく，むしろプレーヤー間で共有される資本であり，環境に散在している機会へのアクセスを提供することで，経済的資本や人的資本を利益へと変換させる役割を果たしている．

それでは，より良い機会にアクセス可能なネットワークとは，どのようなものであろうか．一見したところ，ネットワークに多くのプレーヤーが参加するほど，つまりネットワークのサイズが大きいほど，多数のメンバーとの接触が可能となるがゆえに，多様な情報を収集する場としての魅力度は増すように思われる．しかし重要なことに，ネットワークのサイズそれ自体は必ずしも新奇で多様な情報へのアクセスを保証しない．なぜならばネットワークに参加する人数が増加しても，そこに参加する各メンバーがそれぞれ強い関係で結ばれていたり，もしくは各メンバーが拠り所とする情報源が同一であるならば，結局はどのメンバーにアクセスしても重複した情報にたどり着いてしまうからである．

以上の考えに基づき，Burt［1992］は，① 多様な機会にアクセスできるか否かは，ネットワークの規模ではなくネットワーク内で入手される情報が相互に重複する程度，つまり「情報の冗長性（redundancy）」という問題に帰着すること，② 情報の冗長性は，メンバー間の直接的な結びつきの密度を意味する「直接結合」，もしくは各メンバーが拠り所とする情報源（他メンバーとの関係の有無）が同一な状態を意味する「構造同値」という2つのネットワーク特性によって

規定されることを主張した．

こうしたアイデアは，社会学のみならず経営学や製品開発研究の領域においても注目されている．たとえばMcEvily & Zaheer［1999］は，企業の環境探査能力がネットワークから入手される情報の非冗長性によって正の影響を受けることを，また顧客との新製品共同開発に注目したBonner & Walker［2004］は，開発パートナーとなる複数の顧客間において，各顧客が有する知識の冗長性が低いほど，つまり顧客がそれぞれ異質な情報を提供してくれるほど，より競争力の高い革新的製品が開発できることを報告している．

次に，以上の議論を製造業者－流通業者間のチャネルの文脈に適用する．ここで製造業者は，複数の流通業者との取引ネットワークを通じて最終消費市場や競合他社の情報を取得し，その中から市場機会の捕捉に努めるものと想定する[10]．このような想定に基づけば，製造業者が市場に散在する機会を効率的に見出し，結果として高い成果を達成しうるか否かは，流通業者からもたらされる市場情報の冗長性に依存することになる．換言すれば，取引する複数の流通業者から重複の少ない多様な市場情報を入手できるかどうかに懸かっているのである．以下，図2および図3に示される仮設的なソシオグラムを利用して，この点を説明する．

図2は，焦点組織である製造業者 M_1 が，流通業者 D_1 と D_2 を通じて3人の消費者 C_1, C_2, C_3 に製品を流通させており，またそれら消費者からの支持獲得を巡って製造業者 M_2 および M_3 と競合している状態を示している．このと

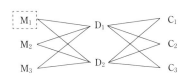

図2　冗長性の高いチャネル構造

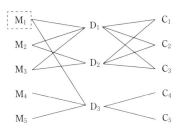

図3　冗長性の低いチャネル構造

き M_1 は，D_1 と D_2 を通じて消費者と競合他社の動向を知ることができる．しかしながら，これら 2 つの流通業者は構造同値の関係にあり，D_1 と D_2 のどちらにアクセスしても，結局は消費者 C_1，C_2，C_3 と競合他社 M_2，M_3 に関する情報にたどり着いてしまう．その意味において，これら流通業者から入手可能な情報は完全に重複しているのであり，それだけ冗長性が高い．このようなネットワークに埋め込まれた製造業者 M_1 は，実質的には 1 つの情報源を保有していることに変わりなく，「多様な市場情報の獲得」という観点から見れば非効率である．

それでは，どのようなチャネルを構築することで，製造業者は入手情報の冗長性を低めることができるのであろうか．ここで取引可能な流通業者の数が 2 社に固定されているものと仮定すれば，製造業者 M_1 は，構造同値の関係にあった流通業者のどちらか一方を構造同値でない新たな流通業者にスイッチすることで，情報の冗長性を低下させることができる．この点を示したのが図 3 である．この仮設例において M_1 は，D_2 との取引を新たな取引先である D_3 にスイッチしている．D_3 は，M_4，M_5 および C_4，C_5 という競合製造業者と消費者を仲介する流通業者である．ここで D_1 と D_3 の関係を見れば明らかなように，両者が仲介している競合製造業者と消費者には重複が無い．それゆえ製造業者 M_1 は，2 つの流通業者を重複しない市場情報源として活用することが可能となるのである．

以上から示唆されるように，取引先の流通業者がみな同じような競合製造業者から製品を仕入れ，同じような消費者に再販売する状態においては，製造業者がいかに多数の流通業者から市場情報を取得したとしても，その冗長性は高くなるため，新たな市場機会を捕捉できる可能性は低下する．むしろ流通業者間で，仲介する競合製造業者と消費者にバリエーションがあった方が，製造業者は重複の無い多様な市場情報を効率的に獲得することが可能になる．

本章では，このような流通業者の仲介ポジションのバリエーションの程度を，「流通業者の同質性」という概念を以って表現する．この同質性には業態オペレーションの同質性，標的顧客の同質性，店舗立地に関わる地理的な同質性な

図4 流通業者の同質性─獲得情報の非冗長性─製造業者の成果の因果関係

どが含まれよう．これら諸側面において流通業者間の同質性が高まるほど，流通業者からもたらされる情報の冗長性も高くなる．というのも流通業者は，自らが選択した業態，ターゲット，立地等に基づく特定の視点から，顧客ニーズ情報や製品評価情報を製造業者に伝達するはずであり，同質的な流通業者群のみを販路とする限り，製造業者に到達する市場情報はみな同じフィルターを通じたものにならざるを得ないからである．このようなネットワークに埋没する製造業者は，革新的な新製品の開発に必要となるであろう多様な市場情報の獲得能力を徐々に失い，また市場の外縁から始まる環境変化に機敏に対応できず，組織成果の向上が困難になると予測される（Uzzi［1996］；Bonner & Walker［2004］）．反対に製造業者の成果は，取引先流通業者の同質性が低く，したがって入手情報の冗長性が低下するにつれて，向上するであろう．

かくして「流通業者の同質性」，「獲得情報の非冗長性」，「製造業者の成果」の3つの概念間の因果関係を示せば，図4のとおりである．

(2) 情報・技術活用の自律性と流通業者への資源依存

組織成果に影響を及ぼす市場志向の第2の側面は，情報・技術活用の自律性であり，それを規定するのが顧客への資源依存である．これは，自らの生存に必要な資源を外部組織に依存することによって，組織の自律性が失われることを示した資源依存モデルの主張に従うものである．

資源依存モデルの代表的論者であるPfeffer & Salancik［1978］によれば，あらゆる組織は自らの生存のために必要な経営資源を自己充足できるわけではなく，部分的にせよ必要な資源を外部組織に依存している．そして外部組織から調達する資源の重要性が高く，また当該資源の代替的な調達先が少なくなるほど，外部組織の当該組織に対するパワーが大きくなり，結果として当該組織の

自律性が奪われる.

　資源依存モデルでは，人材，情報，資金など様々な経営資源の組織間依存関係が考慮されているが，本章の文脈において重要な資源としては，製造業者が流通業者に依存する最終消費市場への販売力や市場情報が挙げられよう．すなわち，一般に製造業者は流通サービスの生産効率や資本制約の関係上，所有権的に独立した流通業者を通じて消費市場に製品を投入するが，このときに自社製品の市場リスクを吸収し，より多くの販売量を達成してくれる販路，あるいは自社製品や競合他社製品の販売動向や消費者ニーズに関する情報を提供してくれる販路は，製造業者にとって重要かつ魅力的な資源として見なされる（高嶋〔1984〕）.

　しかし製造業者が，自らの生存に必要な販路や情報源を特定の流通業者に過度に依存してしまうと，製造業者の自律性は低下することになる．たとえばコンビニエンス・ストアの死筋製品の排除行動に象徴されるように，製造業者が満を持して新製品を市場化したとしても，それが短期的に十分な売上を達成できない限りは，店頭から排除され，流通業者の要望に即した製品開発が要求されることがある．このとき自社製品販路を専らコンビニに依存している製造業者は，その要求に即した製品を開発せざるを得ない．さもなければ当該製造業者はコンビニの取引リストから除外され，自らの生存が危ぶまれてしまうからである.

　かくして，自社製品販路を特定の流通業者に過度に依存している製造業者は，仮に他のルートから有益な市場情報を入手できたとしても，あるいは革新的な技術・製品を開発できたとしても，その流通業者の意向に沿わない限りは自律的な活用がままならず，新製品の育成や新市場の開拓・適応に失敗するであろう[11]．よってここに，消費財製造業者を主体として「特定流通業者への依存度」，「情報・技術活用の自律性」，そして「製造業者の成果」の因果関係を示せば，図5のとおりである.

　以上，本節では社会ネットワーク論および資源依存モデルに基づき，市場志向の定性的側面を「獲得情報の非冗長性」および「情報・技術活用の自律性」

図 5　流通業者への依存度―情報・技術活用の自律性―製造業者の成果の因果関係

として特定し，それらが製造業者の成果に及ぼす影響力を，マーケティング・チャネルの文脈に適用しつつ説明した．次節においては，本節において提示された種々の因果関係を概念モデルとして整理する．

4．概念モデルと仮説の提示

　前節においては，社会ネットワーク論および資源依存モデルの知見を導入しつつ，Christensen［1997］の示唆を製造業者の視点から見たマーケティング・チャネルの文脈に適用した．そして，第1に「獲得情報の多様性」の問題は，突き詰めれば収集される情報の（非）冗長性の問題であり，それは取引先流通業者の同質性によって規定されること，第2に「情報・技術活用の自律性」は，特定流通業者への資源依存度によって規定されること，そして第3に，以上に挙げた市場志向の定性的側面，つまりマーケティング活動のインプット局面における情報の非冗長性と，アウトプット局面における情報・技術活用の自律性を確保し得なければ，当該製造業者は多様な市場機会に対応できず，成果の低下を招くことを論じた．

　かくして，市場志向の定性的側面とその先行条件，および最終的な被説明項である製造業者の成果の各因果関係について仮説を示せば次のとおりであり，その概念モデルは図6のように表現できる．

　H_1：流通業者の同質性は，製造業者の獲得情報の非冗長性に負の影響を及ぼす．
　H_2：獲得情報の非冗長性は，製造業者の成果に正の影響を及ぼす．
　H_3：特定流通業者への依存度は，製造業者の情報・技術活用の自律性に負の

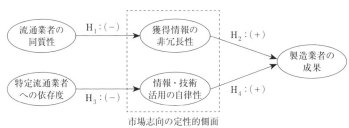

図6 本論の最終的な概念モデル

影響を及ぼす.
H_4：情報・技術活用の自律性は，製造業者の成果に正の影響を及ぼす．

　本章は以上の仮説に関連して，さらに2つの仮説を設定する．追加される第1の仮説は「獲得情報の非冗長性」と「情報・技術活用の自律性」の交互作用効果についてである．これまで本章では，これら2つの変数が製造業者の成果にそれぞれ独立に影響を及ぼすと想定してきた．しかし仮に獲得情報の冗長性が低く，新奇で多様な情報を入手できたとしても，その市場情報や新たな市場機会に結びつく新技術を自律的に活用・試行できなければ，製造業者の成果に対する効果は減退するであろう．

　反対に，たとえ製造業者が情報・技術を自律的に活用できる環境下にあったとしても，そこで利用される情報・技術が多様性ないし新奇性に乏しければ，やはり製造業者の成果向上は限定的なものになるであろう．それゆえ製造業者の成果は，獲得情報が非冗長的で，かつ情報・技術を自律的に活用可能な場合においてこそ，効果的に向上すると推測できる．以上の点について仮説を提示すれば，次のとおりである．

　H_5：獲得情報の非冗長性と情報・技術活用の自律性は，交互作用を以て製造
　　　　業者の成果に正の影響を及ぼす．

　第2の追加的仮説は，市場志向の定性的側面と組織成果の関係に対する，環

境諸条件のモデレート効果についてである.

　市場志向が組織成果に及ぼす影響は，環境の不確実性が高い場合において，より強力に作用するものと考えられる．たとえば田村［1989：1996］は，消費多様化や競争のグローバル化に象徴される課業環境の変化が，市場発展の方向性とマーケティングの競争ルールに大きな変化をもたらしていること，そして，このように市場発展の方向性が不明瞭な状態においては，マーケティング活動の効率以上にその有効性が問われるのであり，環境の動態的変化をすばやく読み取り，そこに発生する市場機会を捉えることが，競争優位獲得のために必要であると指摘している．市場志向はまさにこの市場機会の捕捉を支える一連の活動に他ならないのであり，したがって環境不確実性が高いほど，組織成果に対する市場志向の寄与度合いは大きくなると考えられる．この点を踏まえ，市場志向の定性的側面と環境不確実性の交互作用効果について仮説を設定すれば次のとおりである.

　　H_6：獲得情報の非冗長性は，製造業者の成果に正の影響を及ぼすが，その効
　　　　果は環境不確実性が高い場合に，より強くなる.
　　H_7：情報・技術活用の自律性は，製造業者の成果に正の影響を及ぼすが，そ
　　　　の効果は環境不確実性が高い場合に，より強くなる.
　　H_8：獲得情報の非冗長性と情報・技術活用の自律性の交互作用効果は，環境
　　　　不確実性が高い場合に，より強くなる.

おわりに

　市場志向研究は，市場志向が組織成果に寄与するのか否かを１つの焦点として，多数の実証分析を蓄積してきた．しかし市場志向の組織成果に対する直接的な影響力，ならびに環境諸要因のモデレート効果の有無や方向について相反する分析結果が散見され，膠着状態に陥っている点で問題視されてきた.

　ここで本章は Christensen［1997］に基づき，市場情報の収集量や活用量の増

大が高い組織成果を保証するものではないことを指摘し，その上で，組織成果に重大な影響を及ぼすのは「獲得される市場情報の多様性」と「情報や技術を自律的に活用しうる程度」であることを説明した．そして第3節においては，社会ネットワーク論および資源依存モデルの知見が加えられ，製造業者の市場志向（の定性的側面）が，「流通業者の同質性」および「流通業者への依存度」という2つのチャネル特性によってそれぞれ規定されることが示された．

最後に今後の課題を示せば以下のとおりである．第1に本章は，市場志向の量的努力（市場情報処理活動への従事量）が組織成果の向上を保証するものではないことを前提に，市場志向の定性的側面に注目した．しかしそれを以って市場志向の量的努力の捨象が正当化されるわけではない．今後の研究においては，市場志向の量的側面と質的側面の双方を併せて考慮することが必要である．

第2の課題はチャネル関係の他の特性を考慮することである．たとえば流通業者との対立水準が低く，高い信頼関係を確立できている製造業者は，そうでない者と比べて，流通業者から質の高い市場情報を優先的に獲得できたり，あるいは緊密なコミュニケーションを基盤とした新製品開発やプロモーションの効果的な実施・修正が可能になるかもしれない（Anderson & Weitz［1989］）．

これは本章で展開されてきた議論とは異なる推測である．すなわち本章の議論に従うと，製造業者が業績を改善させるためには，獲得情報の冗長性削減と情報・技術活用の自律性確保が必要となり，そのためには取引先や情報源を分散させることが有効になるはずである．しかしながら，それとは反対に特定の流通業者と集中的に取引を行う製造業者もまた，強い紐帯に基づく濃密な情報交換を通じて高い組織成果を獲得できる可能性がある．今後は，こうした競合仮説の識別と整理を行うことが求められるであろう[12]．

そして最後の課題は，前節において提示された概念モデル，および導出された諸仮説の経験的妥当性をチェックすることである．これら理論と実証の両輪における進展を通じて市場志向研究の膠着状況を打破し，さらなる理論的展開を図ることが，挑戦すべき課題として残されているのである．

第2章　組織成果を左右する市場志向の定性的側面　43

1) ここに示された各実証研究は，市場志向概念の測定に際して必ずしも同一の尺度を利用していないことに留意が必要である．市場志向概念の測定に関しては，これまで主に2つの尺度が利用されてきた．第1は，市場志向概念を「顧客志向」，「競合志向」，「部門間調整」という，並列的な3つの情報処理的・組織文化的側面から測定した Narver & Slater［1990］流の尺度，第2は「市場情報の生成」，「市場情報の部門間普及」，「市場情報に対する組織的反応」という情報処理の時系列的段階に応じて測定した Jaworski & Kohli［1993］流の尺度である．このように，市場志向の測定方法は研究によって微妙に異なるものの，Deshpandé & Farley［1999］は，両尺度がそれぞれ別個に開発されてきたにも関わらず，高い類似性を示していることを報告している．水越［2006a］も併せて参照のこと．

2) モデレート変数を導入する際の留意点については，石井［1983］，77ページを参照されたい．

3) また Han *et al.*［1998］は，市場志向と成果の間にイノベーション等の媒介変数を組み込むことで，既存研究における分析結果の矛盾を調停できる可能性を指摘している（p.31）．こうした媒介変数の導入は確かに，市場志向と成果の因果メカニズムの精緻な理解を導くと考えられるが，「媒介変数を組み込めば分析結果の矛盾が解消される」という考え方は，楽観的に過ぎるかもしれない．というのも，仮に複数の研究者が同一の媒介変数を用いて実証分析を行ったとしても，異なる分析結果が現れる可能性は否定できず，その場合には再び，分析結果の差異や矛盾の説明・解決を目指して，新たな媒介変数やモデレート変数の探索が続けられることになるからである．

4) なお，こうした市場志向概念の内容にいち早く注目した研究として，Narver, Slater & MacLachlan［2004］を挙げることができる．彼らは市場志向を，顕在的な顧客ニーズの発見・理解・充足を目指す「反応型市場志向」（responsive market orientation）と，声にならない顧客の潜在的ニーズの発見・理解・充足を目指す「先行型市場志向」（proactive market orientation）に分割し，先行型市場志向のみが新製品開発の成功度に有意な影響を及ぼすことを実証的に明らかにしている．ただし残念なことに Narver *et al.*［2004］は，その結論において「企業が持続的競争優位の確立を目指すのであれば，先行型市場志向を備えることが重要だ」と述べるにとどまっており，企業が先行型市場志向を備えるための具体的な処方箋を用意してない．

5) Kohli & Jaworski［1990］や Narver & Slater［1990］は，製造業者の立場から市場志向を考える場合，消費者のみならず，中間流通業者を含めたあらゆるチャネル・レベルの顧客を考慮することが重要であると指摘している．しかし，流通業者の存在にも留意すべきという考え方は妥当であるとしても，そのことを以って，消費者も流通業者も「適応すべき顧客」として同列に扱って良いと結論付け

るのは性急であろう．消費者は，営利主体である製造業者にとっての究極的な活動標的であり適応対象であるが，他方の流通業者は製造業者と同様，消費市場への適応を求める営利主体であり，また製造業者のマーケティング目的達成やイノベーションの普及に協力したり，逆にそれを妨害したりする主体でもある（風呂 [1968]；Christensen [2003]）．その意味において流通業者と消費者は，製造業者からすれば異質な対象として捉える必要がある.

6) Christensen [1997] に依拠するということは，「顧客対応と競争対応の重要性が浸透している優良企業，換言すれば，一見して市場志向の水準が高いはずの企業でも，業績の維持・向上に失敗するのはなぜか」を問うことに他ならない.

7) Christensen [1997] は，5.25インチHDDに対する3.5インチHDDを破壊的技術の一例として挙げている．かつて5.25インチHDDは，主としてデスクトップ・コンピューター用として市場に普及していた．その後に3.5インチHDDという新技術が登場したのだが，それはデスクトップ・コンピューター・メーカーの重視する「記憶容量」という性能次元では著しく劣るものであり，それゆえ主要メーカーの反応は冷ややかであった．しかし他方で3.5インチHDDは，「コンパクト性」といった性能次元で5.25インチHDDより優れていたために，その特性に価値を見出す小型デスクトップ・パソコンやラップトップ・パソコンのユーザーに受け入れられ始める．そして時間の経過とともに3.5インチHDDも継続的な革新を遂げ，5.25インチHDDに遜色ない記憶容量を実現することになった．その結果，もはや従来の主要顧客が5.25インチHDDに固執する理由は消え失せ，むしろ「コンパクト性」といった新たな性能次元での競争が開始される．この時点で5.25インチHDD技術とその市場は，3.5インチHDD技術にまさに「破壊される」のである．Christensen [1997]，邦訳 第2章を参照のこと.

8) Christensen [1997]，邦訳 269ページ.

9) これと類似する議論は，髙嶋 [1998] によっても展開されてきた．それによると，取引や製品開発情報を特定顧客に過度に依存する製造業者は，市場情報源を多様化できず，製品開発テーマの探索能力が失われる傾向にあるという（132–134ページ）.

10) 無論，製造業者は自社のマーケット・リサーチや専門調査会社の活用を通じて，市場情報を収集することも考えられる．しかし第1節において述べたように，消費市場や競合他社の動向情報を迅速に収集でき，かつそれらの情報を豊富に保有しているのは，多様な品揃えを以って消費者と直接取引を行っている流通業者である．本章はこの点を考慮して，製造業者は取引先流通業者を窓口として市場情報を入手し，市場機会の捕捉を試みるものと想定する.

11) たとえばカゴメは「キャロットジュース」を市場化する際，製品コンセプトを説明するために大手コンビニ・チェーン本部に赴いたが，その反応は芳しくなかっ

たという．ここでカゴメは，このままコンビニで当該製品を販売すると即座に死筋の烙印を押されると判断し，コンビニではなく，ケチャップやトマトジュースの取引で長い付き合いのあったスーパー，酒販店，食料品店を主販路として選択し，店頭で様々な販促活動を実施した．その結果，キャロットジュースは数年後に売上を急速に増大させ，カゴメの基幹商品として育つまでに至った（『日経ビジネス』，「あえてコンビニを避ける　カゴメ，「キャロットジュースの育て方」」，1995 年 7 月 17 日号，26-27 ページ）．この事例は，自らが保有する市場情報や技術を，自身の意向に沿った形で活用・試行することを許容してくれる環境（たとえば製品の販売期間やプロモーションに関する小売業者からの協力）がなければ，新製品育成や新市場開拓が困難になることを示唆している．

12）取引関係の緊密さやネットワーク構造が組織成果に及ぼすインパクトを巡っては，社会ネットワーク論においても論争の的となってきた．すなわち紐帯強度（取引関係の緊密さ）に関しては，「新奇な情報への到達」という弱い紐帯のメリットを強調する研究（e.g. Granovetter［1973］）と，それと併せて「洗練された情報や暗黙知の伝達を容易にする」という強い紐帯のメリットを指摘する研究（e.g. Uzzi［1996］）があり，またネットワーク密度に関しても，「逸脱行動の抑制と協調の促進」という高密度ネットワークの利点を強調する研究（e.g. Coleman［1988］）と，ネットワーク密度の低さがもたらす「仲介者利益」に注目した研究（e.g. Burt［1992］）がある．また，これらの論争についての調停を試みた実証研究としてRowley, Behrens & Krackhardt［2000］を挙げることができる．

参 考 文 献

石井淳蔵『流通におけるパワーと対立』，千倉書房，1983 年

石井淳蔵「現代経営戦略論がマーケティング研究に問いかけるもの」，『国民経済雑誌』（神戸大学），第 185 巻第 2 号，2002 年，29-45 ページ

猪口純路「市場志向研究の現状と課題」，『マーケティング・ジャーナル』，第 31 巻第 3 号，2012 年，119-131 ページ

髙嶋克義「流通システムにおける勢力の分析枠組 ─資源依存アプローチ─」，『六甲台論集』（神戸大学），第 31 巻第 2 号，1984 年，103-115 ページ

髙嶋克義『生産財の取引戦略』，千倉書房，1998 年

田村正紀『現代の市場戦略』，日本経済新聞社，1989 年

田村正紀『マーケティング力 ─大量集中から機動集中へ─』，千倉書房，1996 年

風呂勉『マーケティング・チャネル行動論』，千倉書房，1968 年

水越康介「反応型市場志向と先行型市場志向」，『ビジネス・インサイト』（神戸大学），第 14 巻第 2 号，2006 年 a，20-31 ページ

水越康介「市場志向に関する諸研究と日本における市場志向と企業成果の関係」,
『マーケティング・ジャーナル』, 第26巻第1号, 2006年b, 40-55ページ

Anderson, E. & B. Weitz, "Determinants of Continuity in Conventional Industrial Channel Dyads," *Marketing Science*, Vol.8, No.4, 1989, pp.310-323

Bhuian, S. N., "Exploring Market Orientation in Banks: An Empirical Examination in Saudi Arabia," *Journal of Services Marketing*, Vol.11, No.5, 1997, pp.317-328

Bonner, J. M. & O. C. Walker, Jr., "Selecting Influential Business-to-Business Customers in New Product Development: Relational Embeddedness and Knowledge Heterogeneity Considerations," *Journal of Product Innovation Management*, Vol.21, No.3, 2004, pp.155-169

Burt, R. S., *Structural Holes: The Social Structure of Competition*, Harvard University Press, 1992 (安田雪訳,『競争の社会的構造—構造的空隙の理論—』, 新曜社, 2006年)

Christensen, C. M., *The Innovator's Dilemma*, Harvard Business School Press, 1997 (伊豆原弓訳,『イノベーションのジレンマ』, 翔泳社, 2000年)

Christensen, C. M. & M. E. Raynor, *The Innovator's Solution*, Harvard Business School Press, 2003 (玉田俊平太監修, 櫻井祐子訳, 『イノベーションへの解』, 翔泳社, 2003年)

Coleman, J. S., "Social Capital in the Creation of Human Capital," *American Journal of Sociology*, Vol.94, Supplement, 1988, pp.95-120

Day, G. S., "The Capabilities of Market-Driven Organizations," *Journal of Marketing*, Vol.58, No.4, 1994, pp.37-52

Day, G. S., *The Market Driven Organization: Understanding, Attracting, and Keeping Valuable Customers*, Free Press, 1999 (徳永豊・井上崇通・篠原敏彦訳, 『市場駆動型の組織—市場から考える戦略と組織の再構築—』, 同友館, 2005年)

Deshpandé, R. & J. U. Farley, "Understanding Market Orientation: A Prospectively Designed Meta-Analysis of Three Market Orientation Scales," in R. Deshpandé ed., *Developing a Market Orientation*, Sage Publications, 1999, pp.216-236

Granovetter, M. S., "The Strength of Weak Ties," *American Journal of Sociology*, Vol.78, No.6, 1973, pp.1360-1380

Greenley, G. E., "Market Orientation and Company Performance: Empirical Evidence from UK Companies," *British Journal of Management*, Vol.6, No.1, 1995, pp.1-13

Grewal, R. & P. Tansuhaj, "Building Organizational Capabilities for Managing Economic Crisis: The Role of Market Orientation and Strategic Flexibility," *Journal of Marketing*, Vol.65, No.2, 2001, pp.67-80

Han, J. K., N. Kim & R. K. Srivastava, "Market Orientation and Organizational

Performance: Is Innovation a Missing Link?" *Journal of Marketing*, Vol.62, No.4, 1998, pp.30-45

Harris, L. C., "Market Orientation and Performance: Objective and Subjective Empirical Evidence from UK Companies," *Journal of Management Studies*, Vol.38, No.1, 2001, pp.17-43

Jaworski, B. J. & A. K. Kohli, "Market Orientation: Antecedents and Consequences," *Journal of Marketing*, Vol.57, No.3, 1993, pp.53-70

Jaworski, B. J. & A. K. Kohli, "Market Orientation: Review, Refinement, and Roadmap," *Journal of Market Focused Management*, Vol.1, No.2, 1996, pp.119-135

Kirca, A. H., S. Jayachandran & W. O. Bearden, "Market Orientation: A Meta-Analytic Review and Assessment of its Antecedents and Impact on Performance," *Journal of Marketing*, Vol.69, No.2, 2005, pp.24-41

Kohli, A. K. & B. J. Jaworski, "Market Orientation: The Construct, Research Propositions, and Managerial Implications," *Journal of Marketing*, Vol.54, No.2, 1990, pp.1-18

McEvily, B. & A. Zaheer, "Bridging Ties: A Source of Firm Heterogeneity in Competitive Capabilities," *Strategic Management Journal*, Vol.20, No.12, 1999, pp.1133-1156

Narver, J. C. & S. F. Slater, "The Effect of a Market Orientation on Business Profitability," *Journal of Marketing*, Vol.54, No.4, 1990, pp.20-35

Narver, J. C. & S. F. Slater & D. MacLachlan, "Responsive and Proactive Market Orientation and New-Product Success," *Journal of Product Innovation Management*, Vol.21, No.5, 2004, pp.334-347

Pfeffer & Salancik, *The External Control of Organizations: A Resource Dependence Perspective*, Harper & Row, 1978

Rowley, T., D. Behrens & D. Krackhardt, "Redundant Governance Structures: An Analysis of Structural and Relational Embeddedness in the Steel and Semiconductor Industries," *Strategic Management Journal*, Vol.21, No.3, 2000, pp.369-386

Slater, F. S. & J. C. Narver, "Does Competitive Environment Moderate the Market Orientation-Performance Relationship?" *Journal of Marketing*, Vol.58, No.1, 1994, pp.46-55

Subramanian, R. & P. Gopalakrishna, "The Market Orientation-Performance Relationship in the Context of a Developing Economy: An Empirical Analysis," *Journal of Business Research*, Vol.53, No.1, 2001, pp.1-13

Uzzi, B., "The Sources and Consequences of Embeddedness for the Economic

Performance of Organizations: The Network Effect," *American Sociological Review*, Vol.61, No.4, 1996, pp.674–698

Webster, F. E., Jr., *Market-Driven Management: Using the New Marketing Concept to Create a Customer-Oriented Company*, Wiley, 1994

第3章　小売業態の発展経路
──小売サービスと組織能力に基づく長期的分析──

は じ め に

　小売業者は財と小売サービスの合成財を消費者に販売するサービス生産者として概念化される．そして，小売業態とは，小売業者が提供する小売サービスのミックスの安定的なパターンである[1]．興味深いことに，小売業者は価格，品揃え，立地，営業時間，購買経験など，様々な小売サービスを組み合わせることができるため，それらの組み合わせは無限にありうるはずである．しかし現実には，ある特定の小売ミックスのパターンが小売業態として固定化し，個々の小売業者は特定の小売業態を選択して競争している（高嶋 [2003]；池尾 [2005]）．すなわち，小売業者は，百貨店やスーパーマーケットといった特定の小売業態を採用して，個々の小売業務に従事しているのである．

　小売業者は，業態内だけでなく業態間でも競争を展開する（小西 [1971]；Miller, et al., [1999]）．スーパーマーケットとコンビニエンス・ストアが同一の製品を異なった小売サービスを付与して販売しているように，異業態による同一製品の取り扱いはしばしば観察される事態である．この時，あるスーパーマーケットは別のスーパーマーケットとの業態内競争に直面するだけではなく，コンビニエンス・ストアとの業態間競争にも直面する．業態は小売業者の小売ミックスの類似性によって定義される概念であるため，同一業態に属する小売業者同士は，別の業態に属する小売業者よりも熾烈な競争に直面するものと考えられる．

　このように小売業態は小売業者の行動のみならず，競争関係にも影響を及ぼ

す非常に重要な概念である．その重要性に鑑みて，流通研究者は小売業態に関する研究を蓄積してきた．特に研究が蓄積されてきたのは，小売業態の進化に関する研究である．優れた製品が新技術に基づく新製品によって陳腐化するのと同様に，小売業態も新たな小売業態の参入によって陳腐化する．新たな小売業態の開発・参入は小売業態イノベーションと呼ばれる研究領域として結実し，多くの研究者を魅了してきた．

　小売業態革新の既存研究は，(1) 小売業態イノベーションについての理論的な分析か，(2) 小売業態の変遷についての歴史的記述を志向してきた．したがって，理論的な仮説の真偽を数量データによって経験的に検討する試みはあまり行われていないように思われる[2]．そこで本章は，小売の輪の仮説を破壊的技術の観点から把握する概念枠組を提案し，それに基づいて日本の小売業態イノベーションの歴史的展開を上場企業の財務データを用いて把握することを目的とする．

1．小売業態イノベーションの既存研究

　流通研究において，小売業の分析単位は，小売店舗から小売業者，さらには小売業態から小売構造の順に集計水準が上がっていく．ただし，小売業態はマーケティング研究が作り上げてきたコンセプトの中でも，「曖昧で分析的でない」コンセプト（田村［2008］，20 ページ）であり，定義も多様である．田村［2008］は，小売業態を小売店舗がその小売流通機能を遂行する基本的な様式と定義している（21 ページ）．また，高嶋［2003］は小売業者が採用する経営形態や販売形態と，池尾［2005］は小売ミックスのパターンとそれぞれ小売業態を定義している．細かな違いはあるけれども，いずれも小売業態を，小売業者が提供する小売サービスという属性の束としてとらえる立場とみなせよう．

　小売業態に関する研究[3]は，その嚆矢となった McNair［1958］以来，複数の企業が構成する小売業態を 1 つの分析単位としてとらえて，個々の小売業態の歴史的盛衰に研究の焦点を合わせてきた．小売業態イノベーションの既存研

究は非常に多く，レビューも充実していることから，本章では以下の分析に必要な文献のみを紹介・検討する[4].

　革新的な小売業態の発生と衰退に関する研究の嚆矢である McNair[1958]によるオリジナルの小売の輪の仮説は，ライフサイクル概念を分析枠組としており（清水[2007]，55ページ），以下のごとく要約される．当初，革新的小売業態は，異端的と評価され，投資家や銀行からの支援も受けにくい．しかし，彼らはイノベーションによって可能となった低い営業費用に基づいて，低価格訴求によって消費者を惹きつける．その後，次第に革新者は格上げ（trading up）を行い，製品の品質や小売サービスを高めていき，旧来の小売技術に基づく既存の小売業態[5]から取引を奪う成長期が来る．その後，小売形態は成熟期に入り，設備は巨大化・洗練化し，主に業態内競争を展開する．成熟段階の後，投下資本利益率が低下し，輪の次の回転（すなわち新たなイノベータ）に対する抵抗力を弱めることになる．既成の小売勢力となった小売業態は，自らと同様に低費用に基づいて営業する新たな小売業態の攻撃に傷つきやすくなる[6]．このように，McNair のオリジナルの仮説は様々な社会的・経済的要因を考慮する複雑なものであった．

　一方，清水[2007]が指摘するように，現在幅広く知られている小売の輪の仮説は，Hollander[1960]が定式化したバージョンである．Hollander 版の小売の輪の仮説は以下のごとくである．まず，小売業において新たな小売業態は，高回転率と低マージンに基づいて低価格を訴求する小売業態として参入する．イノベーションはこの薄利多売を可能とするものであり，最初に参入した小売業者によって実現される．しかし，時間の経過に伴って，当初は薄利多売であった小売業態が徐々にサービス水準を高めて，高価格販売へと格上げする．すると，当初の低価格帯が空白となり，そこに別の新しい小売業態が再び低価格業態として参入する．そして，低マージン・高回転業態と高マージン・低回転業態があたかも車輪が回転するかのように発展するものと仮説化されている．このように，Hollander 版の小売の輪仮説では，革新的小売業態が成熟期以降に直面する経営方式の陳腐化や競争関係の変質については述べられてい

ない．それはロー・オペレータからハイ・オペレータへの転換に重きを置いた解釈であるため，「多様な動きを内包する小売形態のライフサイクルへの言及なくしては不十分な解釈」であると評価されている（清水 [2007], 56 ページ）.

　しかし，その後の研究は，Hollander が単純化した小売の輪の仮説を補強・修正する形で展開されている．この仮説では，小売イノベーションが低価格業態においてのみ発生すると想定していたため，この点を修正する多くの研究が行われた．最も注目された研究として，消費者選好の分布と企業のポジショニングに焦点を合わせた Nielsen [1966] による真空地帯論が挙げられる．真空地帯論は，小売業態は技術に制約されており，高サービス水準の小売業者は高価格帯に，低サービス水準の小売業者は低価格帯にそれぞれ初期的にはポジショニングしていると想定する．一方，消費者選好はその中間帯に集中していると考えられるため，両者の小売業態は中間となる中価格帯・中サービス水準のポジションへと動いていく．すると，高価格・高サービスと低価格・低サービスのポジションが真空地帯（vacuum）となり，その空いたポジションへと新たな小売業態がイノベーションによって参入する．真空地帯論は低価格とサービスを同じ次元と見なしており，多様な小売業態を描写できない点が問題であったが，池尾 [2005] は価格とサービスを別の次元とする多属性モデルに基づいて真空地帯論のより厳密な分析を行っている.

　また，必ずしも小売業態イノベーションに特化した研究ではないが，Christensen [1997] の破壊的イノベーションの研究は，小売の輪をルーツの1つに持ち，小売イノベーションの解釈にも有益な研究である．Christensen は，技術をインプットからアウトプットに変換する仕組みそのものと定義し，技術変化を2つのイノベーションに分類した．既存の評価尺度を高めるイノベーションを持続的イノベーション，既存の評価尺度の点では劣るが価格の安いイノベーションを破壊的イノベーションと呼び，既存の大企業や確立した技術は破壊的イノベーションによって弱体化すると主張した[7]．小売の輪の仮説では，新業態は低価格・低サービスを武器に低価格志向のセグメントに参入し，その後，新規参入が増えるにつれて業態間競争が加速し，格上げによってサービス

と価格水準が上昇するとされていた．しかし，コンビニエンス・ストアのように高価格・高品質によって参入する企業は小売の輪ではアノマリーであった．破壊的イノベーションは，低品質・低価格という次元ではなく，既存の尺度に照らして劣ったイノベーションという形で定義されている．したがって，コンビニエンス・ストアのような高価格業態は，価格という面で劣っている業態として認識されるのである．Christensen & Tedlow [2000] は，破壊的イノベーション仮説に基づいて米国の小売業態のイノベーションを検討している．マージン率と回転率を用いて，百貨店，スーパーマーケット，ネット小売業の特徴を分析している．彼らの分析では，マージン率がサービス水準の代理変数であり，回転率が価格の代理変数となっており，小売サービス水準で劣るけれども在庫回転率を高めることで利益を得るような小売の輪の小売業態が破壊的技術（disruptive innovation）として説明されている．このように，McNair のオリジナルのアイデアは Hollander によってライフサイクル要因を捨象する形で単純化され，その後は Hollander の定式化を補強する形での研究が続けられてきたものと考えられる．

　後続の研究群の中でも，小売業態を属性の束と見なして多属性モデル（Lancaster [1966]；Rosen [1974]；小野 [1998]）を概念枠組に用いる研究は，小売業態のバリエーションを首尾良く描写できることから蓄積が進んでいる．例えば池尾 [1989；2005]，中西 [1996]，朴 [1998] が多属性モデルの枠組によって小売の輪と真空地帯論を厳密に分析する枠組を提案している．本章でも，多属性モデルに基づいて小売業態イノベーションの描写を次節において試みる．

2. 小売業態イノベーションの描写

　ここでは，多属性モデルに基づく既存研究を踏まえて，多属性モデルの枠組に基づいて小売業態イノベーションを描写する（図1）．多属性モデルは，小売サービスの組み合わせとして小売業態を描写できるという利点があるだけでなく，企業間で効率性フロンティアが異なるという想定を導入することで，組

織能力の違いも描写できるという利点もある（池尾 [1989；2005]；中西 [1996]；朴 [1998]）．まず，Christensen & Tedlow [2000] が用いたマージン率と回転率を縦軸と横軸に用いて，原点に凹の効率性フロンティアを描く[8]．個々のフロンティアはある時点での小売技術を示しており，組織能力（organizational capabilities）に差がないならば個々の小売業者は全てある時点で同じフロンティアを共有している（Nelson & Winter [1982]；Langlois & Robertson [1995]；久保 [2003]）．もちろん，現実の企業は限定合理性に制約されているため，異なったルーティンによって事態を処理したり（Nelson & Winter [1982]），活動の巧拙に差があるために企業境界が異なる（Langlois & Robertson [1995]；久保 [2003]）など，組織能力がフロンティアに大きな影響を及ぼす点には注意が必要である．このダイアグラムは，フロンティアを拡大させるイノベーションによって新たな組織能力が構築されるものと定式化している．また，小売業態には複数の企業が含まれるけれども，単純化のために小売業態を1つの点とみなして議論を進める．

　初期条件として，小売業態Aが社会において中心的な小売業態であり，他に小売業態は存在しないとしよう．この業態Aは高品質高価格の企業と考えられる．そこに，サービスの面で劣るけれども価格の安い小売業態Bが参入

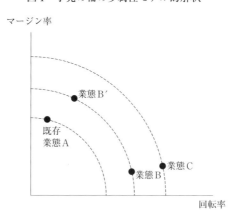

図1　小売の輪の多属性モデル的解釈

する．この小売業態は新規参入が増えるにつれて業態B′へと格上げし，空白となった低サービス・低価格のセグメントを狙って新たな業態Cが参入する．これがダイアグラムによって描写される小売の輪のストーリーである．ここでは，業態Bは新たな組織能力を伴って参入しているため，フロンティアが外側へとシフトしていることに注意が必要である．もし業態Aと同じフロンティア上で同様に右下の位置に参入したとしても，そのフロンティアに沿って格上げするならば，既存業態Aは対抗して格下げして消費者の選好が最も多く見込まれる中利益率・中回転率のセグメントに動き，AとBは激烈な競争に陥るであろう (Hotelling [1929])．その結果，AとBの元のポジションが真空となり，そこに新たな業態が参入すると考えたのが真空地帯論であった．しかし，小売の輪の仮説も真空地帯論も，フロンティアの変化というイノベーションを考えておらず，「『画期的な革新に基盤をもつ新業態のみがメジャーな業態への成長できる』という平凡な事実をなおざりにしてきた」(中西 [1996], 35 ページ)のであった．

次に，破壊的技術のケースを検討する (図2)．破壊的技術とは，価格を含めた評価次元のいずれかにおいて既存技術よりも劣っているが，少なくとも1つ以上の優れた評価次元を持っているイノベーションであるため，実は上記の小

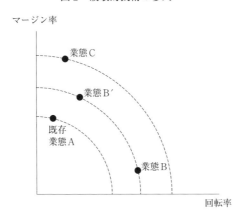

図2　破壊的技術の参入

売の輪のケースも破壊的技術に含まれる．ここでは，小売サービスの面で優れているけれども，価格の面で劣る業態Cのケースを検討する．ここで，業態B′と比べた時，業態Cはサービスの面で優れているけれども，価格の面でより高価格であり劣っている．小売の輪はこのような破壊的技術をアノマリーとしている．図2では，業態Cがフロンティアの拡張を伴っている．業態B′と同じフロンティア上で左上に格上げしては，消費者選好がより少ないポジションにしか立地できない．したがって，回転率を下げて利益率を高めるためには，既存の小売技術では実現できないほどの小売サービスを提供するべく，組織能力の改善を伴って参入する必要がある．また，業態Cは，競合業態がない限りは，消費者選好がより多く分布していると考えられる中マージン・中回転の領域へと格下げしていくが，競合他社によって格下げがブロックされる場合は，元のポジションにとどまるものと考えられる．

　一方，持続的技術は，全ての属性水準を高めるイノベーションである．言い換えれば，既存業態の位置を原点としたときに，右上の第一象限に動くイノベーションと見なしうる．したがって，この多属性モデルの分析から小売の輪の仮説を再解釈すると，小売の輪の仮説は，新たに参入する小売業態は持続的技術ではなく破壊的技術として参入するという主張であると考えられる．言い換えれば，破壊的技術である新規小売業態は，既存業態よりも何らかの属性で劣りつつ，ダイアグラムの端点に近い点に参入するものと仮説化される．ただし，これは参入段階に関する仮説であり，参入後の推移については格上げもしくは格下げしか予測できない．次の節では，日本の小売業態がどのように推移したのか，データと突き合わせながらこの仮説を解釈する．

3．デ　ー　タ

　小売業態の歴史的動態を把握するため，複数の小売業態を含んだ長期にわたるデータを構築した．このデータには時系列データを必要とするため，財務データを用いた．個別企業の財務データの利用には，時系列かつ企業間の比較

が可能という大きなメリットがある．一方で，財務データから算出される財務
指標が小売業者の作り出す小売サービスと間接的にしか関連していないという
尺度の問題や，1社が複数の小売業態を運営する場合には小売業態ではなく企
業の比較となってしまうという分析単位の問題，さらには小売業界で盛んな
M&Aによって時系列比較が困難になるという時系列比較の問題も挙げられる．
こうした問題は抱えているものの，小売業態の動態に関する財務データを用い
た長期比較の試みは日高［2010］しか存在せず，しかも幅広い小売業態を対象
とする分析は存在しないことから，このデータの使用には発見的価値があるも
のと考えられる．

　調査対象企業の選定は次のように行った．まず，日本経済新聞社が毎年行っ
ている『日本の小売業調査』を利用し，1981年度から2012年度までの小売業
売上高ランキングトップ100位に入った企業を全てリストアップした．日本の
小売業者のイノベーションの動態を把握するためには，日本の小売業者を全て
対象とする方が望ましい．しかし，日本の小売業の売上高の分布は右に歪んだ
対数正規分布であり（田村［2004］），少数の企業に多くの売上が集中する小売
構造となっている．図3は，2011年度の日本の売上高上位100社までの小売
業を売上順に並べたものであるが，右に歪んで分布していることが分かる．し
たがって，各年度の100位にランクインした企業だけを対象としても，大きな
誤差はないものと考えられる．このリストの中から5回以上100位以内にラン
キングされた企業を抽出して，日経 Needs Financial Quest を用いて財務デー
タを取得した．取得された財務データは1964年度から2012年度までの49年
度分である．

　経営効率を示す ROA（総資産利益率）は，売上高利益率と総資産回転率の積
に分解できる（Farris, Bendle, Pfeiter, & Reibstein［2010］）．売上高営業利益率は本
業の利益である営業利益を売上高で除したものであり，総資産回転率は総資産
から現金・預金および投資その他の資産合計を引いたもので売上高を除したも
のである[9]．

　財務データを用いた分析には，外れ値の処理が問題となる（大日方［2013］）．

図3　2011年度の日本の小売業の売上高上位100社の分布

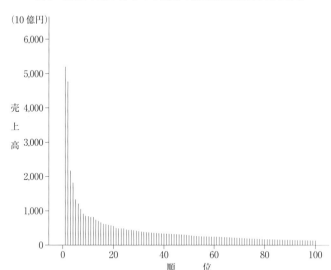

（出所）日本経済新聞社『日本の小売業調査』より作成.

　しかし，外れ値の判断には分析者の恣意がつきまとう．そこで，既存研究でよく用いられている手法にならい，変数の上下1％のオブザベーションを分析から取り除くこととした．ただし，このデータは年度と小売業態の双方によって集計されているが，財務指標は年度によって大きく変動するため，単純にデータ全体について，財務指標の実数値を用いて外れ値を除くと，より経営効率の高い（もしくは低い）年度のオブザベーションが偏って削除されてしまう．そこで，各年度別にわけて，全ての小売業者についての財務指標の標準化得点を算出した．こうすることで，財務指標の実測値とは独立して，財務指標の分散の大きな年度に含まれる外れ値が検出されやすくなる．各年度に分けて標準化得点を算出した後，片側検定で1％となる2.33よりも標準化得点が絶対値が大きい小売業業者を外れ値と見なしてサンプルから削除した．

　データセットに含まれる小売業態と小売業者のリストは表1の通りである．小売業態のラベリングは，日経小売業調査の業態分類を参考にした．専門店は

第3章　小売業態の発展経路　59

表1　データセットに含まれる小売業態と小売業者

小売業態	企業数	初出年度	代表的企業
百貨店	18	1964	高島屋，三越伊勢丹
GMS	17	1964	イトーヨーカドー，イオン，ダイエー
専門店	18	1964	青山商事，オートバックスセブン，丸善
SM	26	1954	いなげや，カスミ，イズミ
家電量販店	14	1954	ベスト電器，上新電機，マツヤデンキ
CVS	5	1976	セブンイレブンジャパン，ファミリーマート，ミニストップ
HC	9	1977	島忠，コメリ，ケーヨー
DS	11	1984	CFS コーポレーション，アインファーマシーズ，マツモトキヨシ
SPA	1	1989	ファーストリテイリング
DiscountS	1	1992	ドン・キホーテ
100 円ショップ	1	2003	九九プラス

田村［2008］の言うように小売業態の「残余カテゴリー」であり，代表的な小売業態としてくくれないものが全て専門店と見なされている．したがって，専門店を構成する小売業者はこのデータセットの中でも種々雑多であることを付け加えておきたい．また，1997 年の持株会社解禁以来，持株会社に移行する小売業者が増えている．今回は，現業を営んでいない純粋持株会社に移行した小売業者はその年度以降，データセットから削除した．また，持株会社であっても現業を営んでいる事業持株会社は残してある．以上，最終的なサンプルサイズは 49 年間で 121 社 12 業態の N ＝ 3,321 となった．

4．日本の小売業態イノベーションの変遷

　ここでは，年度毎に，小売業態毎に 2 つの財務指標の平均値をとり，小売業態を散布図にプロットした．理論モデルに近い変数として，マージン率を売上高営業利益率の，回転率を総資産回転率の代理変数として用いた．グラフは全ての年度にわたって作成したが，紙幅の都合上，新規の小売業態がグラフ上に

現れた年度に限って説明する．なお，グラフは原点を0としてあるが，軸の縮尺は年度によって多少の変更がある．また，視認性を重視して，財務指標が負のケースについてはグラフに含めてはいない．

データに含まれる最初の年度は1964年である（図4）．専門店，百貨店，GMS（総合スーパー）が存在し，右下から左上にかけて薄利多売から高付加価値小売業態へと並んでおり，財務分析におけるデュポン・モデルが教える通りの綺麗な配置が見られる（Farris, et al., 2010）．ROAはどの小売業態でも0.12前後であり，これがこの時点での効率性フロンティアであると解釈できる．

百貨店がたどった衰退経路は劇的である（図5）．総資産回転率は1964年が一番高く，その後は大きく回転率を下げていく．しかも回転率の低下は利益率の上昇を伴わず，むしろ時間の経過とともに一貫して左下がりに低下しているのである．GMSがたどった経路はやや異なっている（図6）．当初は，小売の輪の通り，右下の薄利多売のポジションをとり，その後，70年代前半まではいわば格上げを続けて，高マージン低回転率化を進めてきた．しかし，70年代前半をピークとして，自由落下のように利益率を落とし，凋落が続いている．なお，専門店の推移は図7に示されているが，専門店は特徴的な小売業態

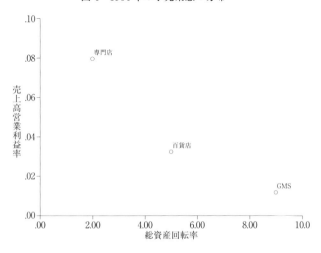

図4　1964年の小売業態の分布

に分類されない小売業態をまとめた，いわば残余のカテゴリーであるため（田村 [2008]），詳しい解釈は行われない．

次に，1965 年には，2 タイプの小売業態が参入した（図 8）．スーパーマーケットと家電量販店である．スーパーマーケットは GMS に似ているものの，

図 5 百貨店の推移

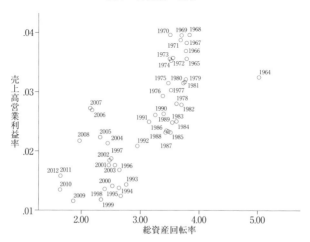

図 6 GMS の推移

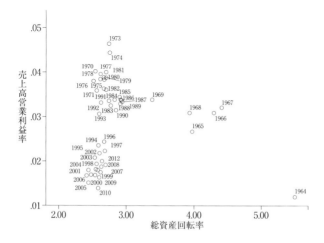

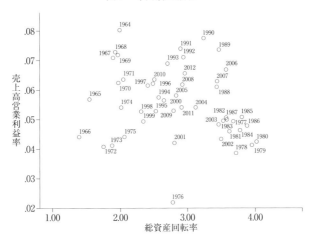

図7　専門店の推移

品揃えが食品もしくは衣類品中心である．スーパーマーケットはどの財務指標で見てもGMSよりも劣っている位置から参入している．意外なことに，家電量販店は平均的には百貨店よりも高付加価値低回転の小売業態としてスタートしたことが分かる．当時の家電製品は製造業者の系列小売店が主な販売チャネルであり，製造業者のチャネル管理が行き届いて家電量販店の安売りが制限されていたことを反映しているものと考えられる．

　スーパーマーケットはGMSに比べて品揃えが制限されており，ここでは特に食品を中心に品揃えした小売業者が観察される．図9に描かれているように，スーパーマーケットは百貨店・GMSの双方に比べて劣るポジションで参入し，60年代には回転率を高める，いわば小売の輪の初期段階のような動きをし，その後は格上げを行い，70年代前半には回転率を抑えて高い営業利益率を達成した．しかしその後は再び右下の薄利多売路線に移り，80年代後半には利益率はあまり変わらないものの，回転率だけを落としていくという衰退経路に入っている．一方，家電量販店は小売の輪に反して，中付加価値・低回転から参入し，付加価値の上昇という格上げ過程に入っている（図10）．その後，一時は薄利多売路線に向かったものの，90年代半ば以降は再び中付加

図 8　1965 年：スーパーマーケット（SM）と家電量販店の参入

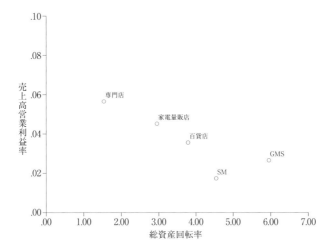

図 9　スーパーマーケットの推移

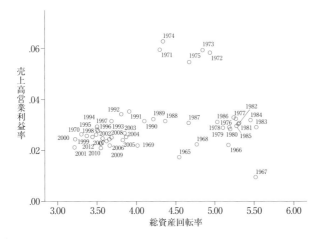

値・中回転のポジションをとっている．

　1976 年には，コンビニエンス・ストア（CVS）が参入している（図 11）．コンビニエンス・ストアはデータセットには 1975 年から登場しているが，売上高営業利益率が正となったのはこの年からである．一般的な小売業者が製品を仕

図10 家電量販店の推移

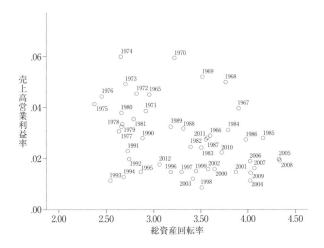

　入れて再販売することによって利益を得るのに対して，コンビニエンス・ストアはフランチャイザーであることがビジネスモデルの大きな違いである（矢作［1994］）．コンビニエンス・ストアは店舗業務をフランチャイジーに任せ，本部は後方支援に徹して，フランチャイズ料によって売上を得る．したがって，加盟店の数が少ないうちは規模の経済が活かせず，利益を得ることができない時期が続く．しかし，図12に描かれているように，1977年には早くも高い利益率をあげている．このケースは素早い格上げというよりも，十分な規模の経済を獲得するまでの準備期間と考えた方がよいであろう．コンビニエンス・ストアが薄利・低回転のビジネスモデルを当初から志向していたとは考えられないからである（矢作［1994］）．したがって，コンビニエンス・ストアが軌道に乗った1977年から考えて，小売の輪の反例である高付加価値業態としての参入と見なしてよいであろう．その後はバブル期に回転率を高めたものの，現在では70年代後半と同水準の回転率に戻り，競合他社も含めた出店数の増加によって利益率を落とすことになっている．

　1977年にはホームセンターが新たに参入している（図13）．コンビニエンス・ストアがフランチャイズビジネスであることを考慮すると，ホームセンター

は品揃えの重複度が高い GMS に比べて高付加価値・低回転業態として参入していると考えられ，小売の輪に対する反例となっていることが分かる（図14）．しかし，翌年からは一気に格下げが進み，薄利多売に変化している．その後は利益率には波があるものの，回転率の下落傾向が続いている．

図11　1976年：コンビニエンス・ストア（CVS）の参入

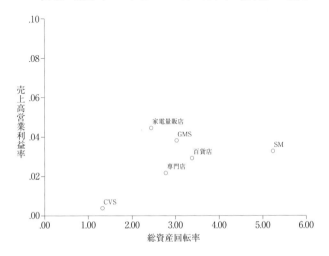

図12　コンビニエンス・ストアの推移

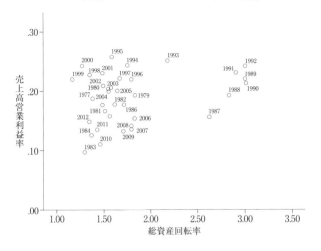

1984年にはドラッグストアが右下の薄利多売のポジションから参入している（図15）．ドラッグストアはしばらく同じポジションにとどまった後，回転率を大幅に低めた後に利益率を高め，近年は再び利益率を低めている．基本的

図13　1977年：ホームセンター（HC）の参入

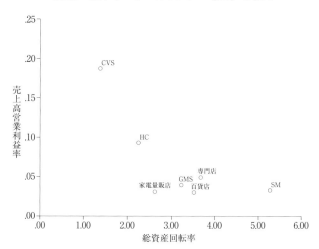

図14　ホームセンターの推移

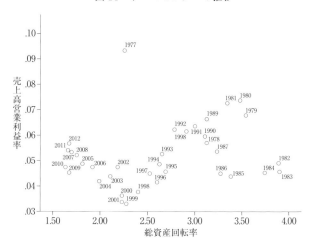

第 3 章 小売業態の発展経路　67

には小売の輪が示すような格上げの経路をたどり，停滞している業態であると見なされよう．

1989 年には製造小売アパレル（SPA）が薄利多売のポジションに参入してい

図 15　1984 年：ドラッグストア（DS）の参入

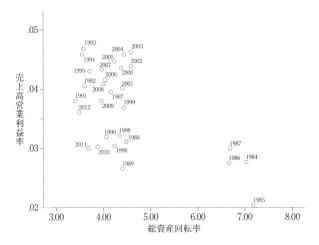
図 16　ドラッグストアの推移

る（図17）．SPAを採用する企業は複数存在するが，このデータセットにはユニクロを運営するファーストリテイリングのみが含まれている[10]．SPAのたどった経路はHollander型の小売の輪に似ており，当初は薄利多売のビジネス

図17　1989年：製造小売アパレル（SPA）の参入

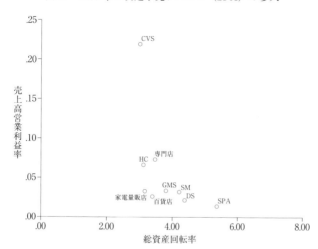

図18　製造小売アパレルの推移

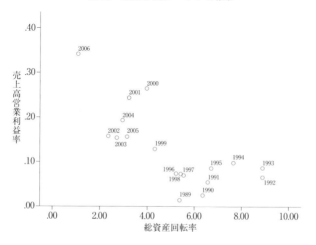

モデルであったものの，左上の高付加価値・低回転ビジネスへと継続的に格上げを続けている．McNair のライフサイクルの観点からは，いまだ成長期にとどまっている業態とみなしうる．

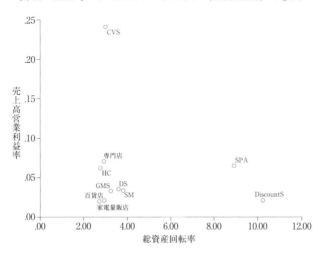

図 19　1992 年：ディスカウントストア（DiscountS）の参入

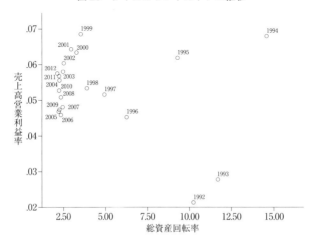

図 20　ディスカウントストアの推移

1992年にはディスカウントストアが右下の位置に参入した（図19）．このデータセットに含まれるディスカウントストアはドン・キホーテのみである．当初は高回転率・高利益率の方向に動いているものの，全体の趨勢としては左

図21　2003年：100円ショップの参入

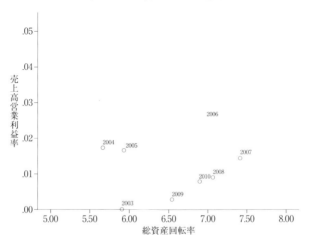

図22　100円ショップの推移

上に動き，格上げしている．

　2003年には100円ショップがこれも薄利多売の右下のポジションに参入した（図21）．このデータセットに含まれる100円ショップは九九プラスのみである．当初は回転率と営業利益率の双方を高めるバリューイノベータ（Levy, et al., 2005）の動きを見せたが，すぐに当初と似た位置に戻っている（図22）[11]．

　最後に，データセットの最後の年度である2012年度の分布を示す（図23）．財務理論が示す通り，基本的には右下がりに小売業態が分布していることが分かる．ここまでに見てきたように，革新的小売業態はグラフの端点に近い位置から，破壊的技術として参入する．しかし，彼らがその後にたどる経路は様々であり，格上げや格下げを続けるだけではなく，迷走の末に財務成果を落としていく業態も少なくない．しかし，競争の結果，小売産業における小売技術のフロンティアはやはり理論が教える通りに右下がりとなり，各種小売業態はほぼそのフロンティアにしたがって分布する結果となっている．

図23　2012年の小売業態の分布

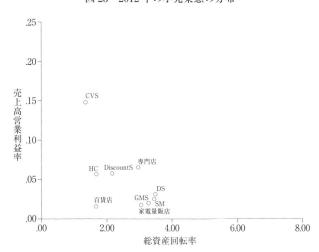

お わ り に

わが国では小売業態イノベーションについて数多くの研究が蓄積されてきたものの，その多くは理論モデルの構築や，個別の事例研究であった．本章は，小売業態イノベーションの代表的な研究である小売の輪の仮説を出発点として，破壊的技術の枠組を取り入れた概念枠組を提案し，長期にわたる小売業態の財務指標の変化を追跡することで小売業態イノベーションを把握する試みであった．

1964 年からのデータセットにおいて新規業態として確認された 9 業態のうち，小売の輪が示すように薄利多売に基づいて参入した業態はやはり多く，6業態であった（スーパーマーケット，ドラッグストア，SPA，ディスカウントストア，100 円ショップ）．一方，小売の輪の反例となる高付加価値型で参入した小売業態も 3 業態あった（家電量販店，コンビニエンス・ストア，ホームセンター）．これらのいずれも，参入時点の小売業態の分布からみると，端点に近い位置から参入している．すなわち，薄利多売か高付加価値のいずれかに戦略の焦点を絞った小売業態が参入に成功したものと考えられる．

本来であれば，小売業態は多次元的な小売サービスの安定的なパターンとして把握されることが望ましい．本章は時系列かつ業態間の比較可能性を優先して，小売サービスを売上高営業利益率（マージン率）と総資産回転率（回転率）というシンプルな財務指標だけを用いて評価した．単純化によって多くの情報が捨象されているものの，それによって革新的小売業態が参入後にたどった経路を把握することができたことは，本章の貢献である．また，本章では小売業態を分析単位としたため，小売業態に含まれる複数の企業の平均値を用いた分析を行っている．今後は分析単位を個別企業とした分析が必要であろう．

1) これに対して業種は小売業者が販売する財の製品カテゴリーによって定義される．また，石原［1999］は，消費者の購買習慣と商品取り扱い技術の双方の制約によって業種が成立すると述べている．
2) 例外的な研究として日高［2010］がある．日高は小売業態革新が新規参入小売業

態ではなく，既存小売業態から生じる可能性を検討するために，複数の小売業態の財務指標の経年変化を分析している.

3）小売業態の興味深い点は，小売ミックスの組み合わせは無限にありうるにもかかわらず，複数の小売業者が同一の小売業態に収斂したビジネスモデルを採用し，小売業態といういわば戦略グループを形成することにある．なぜ小売業者は無限にありうる小売ミックスの中から，競合他社と同様の小売ミックスを形成し，小売業態を形成することを選択するのかという問いは，小売業態研究の大きな問いであった．例えば高嶋［2003］はこの問いに対して，競合他社が成功した小売業態を模倣したり，卸売業者や製造業者が取引経験を蓄積した業態との取引を選好したり，消費者に明確な業態イメージを形成させるためなどの根拠を挙げている（75ページ）．また池尾［2005］は，消費者の知覚は粘着的であり，新業態に対して従来の知覚を変更するには時間がかかるという識別制約と，新業態の運営に必要な商品供給システムの形成に時間がかかるという運営システム制約のために，小売業態はどのようなポジションでもとれるわけではないと主張している（83-84ページ）.

4）McNairの諸説とその解釈を巡る学会の混乱については，清水［2007］を参照のこと．研究初期の解説としては浅井［1969］が，購買不効用説によって小売業態イノベーションを説明する試みとしては肥田［1992］がある．また，包括的なレビューとしては，例えば近藤［1998］を参照のこと.

5）McNairは小売業態ではなく小売形態（retail institution）という用語を用いたが，用語の統一のために小売業態と表現する.

6）この要約はMcNair & May（［1976］，pp. 1-2; 邦訳，1-3ページ.）に基づいている.

7）本章の文脈では，2つの技術は以下のように定義される．持続的技術とは，価格を含めた全ての評価次元において既存技術よりも優れたイノベーションを指し，破壊的技術とは，価格を含めた全ての評価次元のいずれかにおいて既存技術よりも劣っているが，少なくとも1つ以上の優れた評価次元を持っているイノベーションを指す.

8）Levy, Grewal, Peterson, & Connolly［2005］によるビッグミドル（覇権市場）のモデルも同様の枠組を用いている．彼らのモデルは，消費者の選好の分布を明示的に取り入れている点で，Nielsenの真空地帯論にも近い.

9）田村［2008］は，小売業者の企業間比較と歴史的比較により適した手法として，ROAを以下のように分解する手法を提案している（60ページ）．本業キャッシュ利益は，本業の利益である営業利益に減価償却費を足し戻したものである．設備投資の額は同一企業であっても年度によって変動すること，会計処理の方法は企業間でも一定でないことから，本業の収益をより正確に把握できるものと考えら

れる．また，事業資産は本業に使われる資産であり，財務活動に使われる可能性のある現金・預金や投資その他の資産合計が除かれている．

本業キャッシュ利益率＝本業キャッシュ利益／事業資産
　　　　　　　　　　＝（営業利益＋減価償却費）／（総資産－現金・預金－
　　　　　　　　　　　投資その他の資産合計）
本業キャッシュ利益率＝（本業キャッシュ利益／売上高）×（売上高×事業資産）

10）ファーストリテイリングは2005年11月に持株会社化したが，2006年度までは事業会社と見なしてデータセットに含めた．
11）その後は運営会社の変更によってローソンストア100に改称された．

参 考 文 献

浅井慶三郎「小売業の革新の再吟味 その1．―ホイールセオリーについて―」，『三田商学研究』，慶應義塾大学商学会，1969年，45-62ページ

池尾恭一「消費者行動と小売競争」，石原武政・池尾恭一・佐藤善信『商業学』第3章，有斐閣，1989年

池尾恭一「小売業態の動態における真空地帯と流通技術革新」，『商学論究』第52巻第4号，関西学院大学，2005年，71-95ページ

石井淳蔵「小売業態研究の理論的新地平を求めて」，『小売業の業態革新（シリーズ流通体系1）』，中央経済社，2009年

石原武政「小売業における業種と業態」，『流通研究』第2巻第2号，日本商業学会，1999年，1-14ページ

小野晃典「製品差別化モデルと広告概念 ―包括的なマーケティング理論モデルの基礎として―」，『三田商学研究』第41巻第1号，慶應義塾大学商学会，1998年，59-83ページ

大日方隆「利益率の分布の偏り―法人企業統計データの分析―」，『経済学論集』第78巻第4号，東京大学，2013年，2-46ページ

久保知一「流通チャネルと取引関係 ―動的取引費用モデルによる卸売統合の実証分析―」，『三田商学研究』第46巻第2号，慶應義塾大学商学会，2003年6月，111-132ページ

久保知一「新制度派的流通チャネル研究の展開」，渡辺達朗・久保知一・原頼利編『流通チャネル論―新制度派アプローチによる新展開―』第1章，有斐閣，2011年

久保知一「生産財取引におけるポジショニングと企業間関係の関連性」，『商学論纂』第56巻第1・2号，中央大学商学研究会，2014年7月，73-100ページ

小西滋人『小売競争の理論』，同文舘出版，1971年

近藤公彦「小売商業形態論の課題：業態変動のミクロ基礎」，『流通研究』第1巻第2号，日本商業学会，1998年，44-56ページ

清水猛「マーケティング研究の分析枠組：M. P. マクネアの小売形態展開論を中心に（研究の回顧と展望 II）」，『横浜商大論集』第41巻第1号，横浜商科大学，2007年，49-69ページ

高嶋克義「小売業態革新の分析枠組み」，『国民経済雑誌』第187巻第2号，神戸大学，2003年，69-83ページ

高嶋克義「小売業態革新に関する再検討」，『流通研究』第9巻第3号，日本商業学会，2006年，33-51ページ

田村正紀『先端流通産業―日本と世界』，千倉書房，2004年

田村正紀『業態の盛衰―現代流通の激流―』，千倉書房，2008年

中西正雄「小売の輪は本当に回るのか」，『商学論究』第43巻第2・3・4号，関西学院大学，1996年，21-41ページ

朴哲主「小売形態の選択行動と市場シェア分析」，『三田商学研究』第40巻第6号，慶應義塾大学商学会，1998年，153-171ページ

肥田日出生『小売原論―購買不効用説』，TBSブリタニカ，1992年

日高優一郎「既存小売企業における業態革新は可能か―日本の主要小売企業過去30年の業績データを手がかりに―」，『Open Journal of Marketing』，私的市場戦略研究室，2010年4月

矢作敏行『コンビニエンス・ストア・システムの革新性』，日本経済新聞社，1994年

Christensen, Clayton M., *The Innovator's Dilemma: When New Technologies Cause Great Firms to Fail*, Harvard Business Review Press, 1997（玉田俊平太監修，伊豆原 弓訳『イノベーションのジレンマ―技術革新が巨大企業を滅ぼすとき（増補改訂版）』，翔泳社，2001年）

Christensen, Clayton M., & Richard S. Tedlow, "Patterns of Disruption in Retailing," *Harvard Business Review*, Vol. 78, No. 1（January–February），2000, pp. 42-45

Farris, Paul W., Neil T. Bendle, Phillip E. Pfeifer, David J. Reibstein, *Marketing Metrics, 2nd Edition –The Definitive Guide to Measuring Marketing Performance*, Wharton School Publishing, 2010（小野晃典・久保知一監訳『マーケティング・メトリクス ―マーケティング成果の測定方法―』，ピアソンエデュケーション・ジャパン，2011年）

Hollander, Stanley C., "The Wheel of Retailing," *Journal of Marketing*, Vol. 25, No. 1（July），1960, pp. 37-42（嶋口充輝訳「小売の輪仮説について」，『季刊消費と流通』，新春号，1979年，99-104ページ）

Hollander, Stanley C., "Notes on the Retail Accordion," *Journal of Retailing*, Vol. 42, No. 2（Summer），1966, pp. 29-40, 54

Hotelling, Harold, "Stability in Competition," *The Economic Journal*, Vol. 39, No. 153 (March), 1929, pp. 41-57

Lancaster, Kelvin J., "A New Approach to Consumer Theory," *Journal of Political Economy*, Vol. 74, No. 2 (April), 1966, pp. 132-157

Langlois, Richard and Paul Robertson, *Firms, Markets and Economic Change: A Dynamic Theory of Business Institutions*, London: Routledge, 1995

——— "The Vanishing Hand: The Changing Dynamics of *Industrial Capitalism*," *Industrial and Corporate Change*, Vol.12, No.2 (April), 2003, pp.351-385

Levy, Michael, Dhruv Grewal, Robert A. Peterson, & Bob Connolly, "The Concept of the "Big Middle"," *Journal of Retailing*, Vol. 81, No. 2, 2005, pp. 83-88

McNair, Malcom P., "Significant Trends and Developments in the Postwar Period," in A. B. Smith eds., *Competitive Distribution in a Free, High-Level Economy and Its Implications for the University*, Pittsburgh, Pennsylvania: University of Pittsburgh Press, 1958, pp. 1-25

McNair, Malcom P.& Eleanor G. May, *The Evolution of Retail Institutions in the United States*, Cambridge, Massachusetts: Marketing Science Institute, 1976（清水猛訳『"小売の輪" は回る』, 有斐閣, 1984 年）

Miller, Chip E, James Reardon, & Denny E. McCorkle, "The Effects of Competition on Retail Structure: An Examination of Intratype, Intertype, and Intercategory Competition," *Journal of Marketing*, Vol. 63, No. 4 (October), 1999, pp. 107-120

Nelson, Richard & Sydney Winter, *An Evolutionary Theory of Economic Change*, Harvard University Press, 1982

Nielsen, Orla, "Developments in Retailing," M. Kajae-Hansen, ed., *Readings in Danish Theory of Marketing*, North-Holland, 1966, pp. 101-115

Rosen, Sherwin, "Hedonic Prices and Implicit Markets: Product Differentiation in Pure Competition," *Journal of Political Economy*, Vol. 82, No. 1(January - February), 1974, pp. 34-55

第4章　イギリスにおけるヘルシーフードの動態と
大規模小売業の取り組み
—— 1980 年代から近年に至る食料消費分析を中心に ——

は じ め に

　1980 年代から 90 年代半ばにおけるイギリスの食料消費の変化の特徴は，簡便食品の消費量の急増によって食生活の簡便化が進展しながらも，特に，高付加価値型食品の消費の増大が顕著であった点にある．

　これまでの研究の結論としては，小売市場の寡占化が進むなかで，大規模小売業者の市場行動，とりわけ，高付加価値型食品の開発によって，簡便食品の消費量が増大した．このことは品揃えや製品政策といった小売業者の市場行動によって消費者の購買行動が規定される傾向が強まったことに関連づけられる．つまり 1980 年代からの食料消費の変化は，このような大規模小売業者の市場行動に影響を受け，食生活の簡便化が促されたと考えている[1]．

　特に，レディミールにみられる小売ブランド商品（ここでは PB 商品とする）の開発が 1980 年代中頃から活発に行われていき，調理済みで簡単に食すことが可能な食品の提供を，大規模小売業者は戦略的に行ってきた．実際にイギリス国内に点在するスーパーや生協の店内を訪れると，図1の示すような「健康志向」な食品が多く並ぶ光景がある．

　ここでの「健康志向食品」とは，有機栽培のオーガニック食品や遺伝子組み換えの大豆を使用した食品，無農薬など，一般的に「機能性食品」と呼ばれるものではなく，通常食品での「減塩」「カロリーオフ」「ローファット」などといった，いわば「肥満」の対象となる高付加価値食品を意味する．本章ではそれをヘルシーフードと呼称する．

図1 イギリスの食料消費の変遷

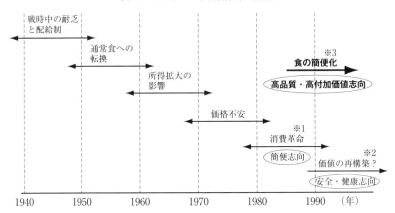

(注) 1：Ritson と Hutchins [1991] が示した図は，1980年代までである．
2：Burt, S. and Sparks, L. [1999] は，上記の Ritson と Hutchins [1991] の示した図に，新たに1990年代を「価値の再構築？ [Reorientation on Value?]」と追記している．〔"Structural change in grocery retailing in Great Britain: a discount reorientation?", in Post 1945: retail revolutions - The retailing industry (Tauris industrial histories) Volume.3, ed., Benson, J. and Shaw, G., St Martin's press, GB, 1999, p.94.〕
3：これまでの研究の結論．本章ではこの時期から食生活の簡便化とともに，健康志向も始まったと判断している．
(出所) Ritson, C. and Hutchins, R. "The Consumption Revolution", in Fifty Years of the National Food Survey 1940-1990, ed., Slater, J. M., HMSO, UK, 1991, p.36. を加筆・修正．

　大規模小売業者は，1980年代以降，特に PB 商品のレディミールをどのような形で発展させ，どのような製品政策を打ち出し現代に至っているのか．本章ではその PB 商品としてのヘルシーフードの初期段階をたどっていく．
　また，ヘルシーフードが盛んに販売されているイギリスが，しかし，「肥満大国」というレッテルが付けられたままである現状から，どのような実態があり，小売側はどのような市場行動を行ってきたのかを明らかにする．分析方法は，各種統計とともに，イギリスの食品業界誌であるグローサー誌（The Grocer）などから分析を行う．

1．イギリスの肥満状況について

　OECD がまとめる主要国の肥満人口の割合は，図2のようになる．なかでも

第4章 イギリスにおけるヘルシーフードの動態と大規模小売業の取り組み　79

図2　主要国の肥満の割合

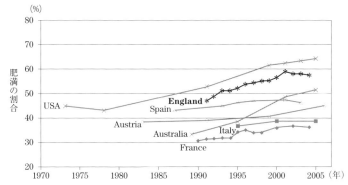

（出所）　http://www.oecd.org/unitedkingdom/obesityandtheeconomicsofpreventionfitnotfat-unitedkingdomenglandkeyfacts.htm からのデータを加工（アクセス：2014.7.22）．

　イギリスの肥満率は，ヨーロッパで最も高い値になっている．特に成人男性の値が他の国に比べて太りすぎであり，4人に1人が肥満であるという試算を出した（OECD）[2]．ただし，肥満に関する統計は，自己申告の数値と病院などでの実際の測定値に差があり，あくまでも参考程度であるという．そのため，次の図3をとりあげた．
　図3は，イギリス放送協会BBCが伝えた1993年から2012年までのBMI指

図3　成人人口に占める肥満率の変化

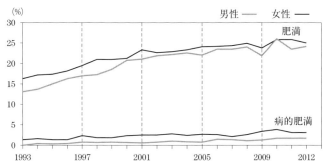

（原典）　Health Survey for England.
（出所）　http://www.bbc.com/news/health-25713368（アクセス：2014.7.22）．

80

数による肥満状況を表したものである．イギリスでの肥満問題の深刻さを伝え
つつ，肥満による各種の病気や寿命短縮を詳細に伝えている．そのうえで肥満
の原因を，① 安価な食品の大量摂取，② 運動不足（動かない）ことによる肥満
の蓄積，そして，③ 過剰なカロリー摂取が肥満を促す要因であると指摘した[3]．
また，年々，肥満拡大のスピードが速さを増し，問題はより深刻化していると
指摘する．

　このように，イギリスは肥満大国として認識されており，社会問題として取
りざたされる状況が長く続いてきた．では，食品を提供する小売業の取り組み
は，これまでどのような形で展開されてきたのか，順にみていきたい．

2．健康志向にまつわる言葉の登場と当時の状況

　まず，イギリスにおいて，健康志向な食品がいつから登場するようになった
のかを確認しておく．1985 年のグローサー誌（食品業界誌）において，ヘルシー
フードに関連する記事がいくつかあった．

　第 1 に，「healthier foods」という言葉がこの頃，登場する．当時，イギリスで
は，オーブンで温めて食すオーブンミールが多く消費され，なかでも電子レン
ジや冷凍庫の普及が進むにつれて冷凍食品に対する消費者の購買量が増大した
時期であった．そのため，消費者側からは「健康的」な食品が要請されていた[4]．
これに対して当時の冷凍食品メーカーの McCain 社は，Oven Chip ブランドの
中で特に売れ行きの良かった potato 製品を「less fat（脂肪分が少ない）」と表記
して販売することになる[5]．この製品が消費者からの直接的な要望から生まれ
たものなのかは明らかでないが，業界内でこういった動きがあったことは，あ
る程度の調査にもとづいたメーカー側の行動であったように思われる．

　第 2 に，「新たな，これまでと違う食品へ」をキーワードとして「healthy
eating」という言葉が 1985 年当時に登場する．当時，パッケージに関して消費
者調査を行った結果，栄養情報がはっきり記載され，中身がわかるようなリア
ルな絵柄，もしくはプリントがなされたものが要望されていた[6]．特に，栄養

情報に関しては，後述するように，この段階では確立されていなかった．

しかしながら，これらの点から明らかなのは，はっきりといつから健康志向の食品が販売されていたかは定かでないが，すでにこの時期でヘルシーフードが意識されていた可能性があるということである．そのことを裏付ける内容が，次の記事である．

1986年のグローサー誌において，Ministry of Agriculture（農業省）の調査結果を掲載し，消費者の急激な冷凍・冷蔵食品の購買量増大について取り上げ，「農業省によってイギリスが healtier foods に転換した（スウィッチした）ことが証明された」と伝えた[7]．各種統計については後述するが，冷凍・冷蔵食品の大量消費について，消費者の購買行動や意識の変化を農水省が認めたことを意味する．この頃から本格的にヘルシーフードの普及があったものと考えられる．

参考までに1970年代の消費を扱ったいくつかの研究においては，ヘルシーフードに関する記述は，一部の栄養学の研究を除けば，登場しない．それは第1に，その頃の health という用語は，筋肉質な体や健康と病気に関連するものが多く，食事との関連で取り上げている研究はなかった．おそらく食品に対する認識は薄かったものと思われる．第2に，1920年代後半に流行した「バランスのとれた食事（the balanced diet）」[8]という当時の基準にもとづく傾向が長く続いてきたなか，1977年のアメリカでの「マクガバン報告」[9]の影響を受けた格好で，この頃からイギリスでも健康志向がすこしずつ注目し始めた可能性もある．

3. ヘルシーフードに関する小売業の取り組み

では，小売業者はどんな戦略を打ち出していたのか，当時のテスコ社を扱った文献，*Counter Revolution ; The TESCO Story* に，そのヒントがあった．

著者であるポウエル氏によれば，栄養教育に関する国の諮問委員会（National Advisory Committee on Nutrition Education）が出した1983年の報告書にて，それ

までのあいまいな栄養情報管理の実態が明らかになった．つまり，栄養に関する標記の内容に問題があった．そのため，メーカーや小売業者においても，実際問題として混乱の状態が続いたようである[10]．

また，歳入委員会（Ways and Means Committee）が品質のベンチマークを確立していくなかで，業界内においてどの程度の基準作りができるかを測定した．それに対して，当時のテスコ社がそれを達成できる見込みがあった[11]．つまり，後述するように，テスコ社独自の基準作りに取り組んでいたため，そのことがのちにベンチマークの確立に影響を及ぼした．

そんななか，このようなことがきっかけとなり，1985 年 1 月 9 日，テスコ社にて「healthy eating」campaign が開催された．それは 9 日の朝のラジオのインタビューで，デイビッド・マルパス（当時の常務）が，「人々は，彼らが購入している食料品に関するより多くの情報を持つ必要があり，彼らは彼らの食習慣を変更する必要がある……」という考え方を概説したことである．また，プログラム自体の健康的な食事に関する重要性についての情報チラシを配布しつつ，テスコ社の PB 商品に健康上の利点と食材に関する情報が記載された特別に設計されたロゴが含まれたシールが貼りつけられたのである[12]．すなわち，商品ラベルの明確化を通じて，ヘルシーフードの提供を始めたのである．

このことはこれまでの研究で明らかにしたが，「1977 年 6 月，テスコ社は幹部会議において，それまで販売促進策の一環として行ってきた「スタンプ配布」を廃止し，同社の事業活動を見直す意思決定がなされた．……中略……つまり，事業活動の総点検（Operation Checkout）の結果，従来型の物流活動が抜本的に見直されることになった．それは「高級化市場への転換」をもくろんだ新しい企業戦略のもとに，物流戦略の見直しが必要になったため」[13] であった，という文面と深く関連するものである．すなわち 1978 年時点で，テスコ社のライバルであったセインズベリー社との差別化をもくろみ，物流戦略を抜本的に変えていく意思決定がなされ，いわば‘商品の流れを効率化’したのであったが，もう 1 つ，この時期から PB 商品の品質のレベルに対し，独自の品質基準を設ける作業に取り掛かり，いわば‘商品開発の高度化’を進めたのであっ

第4章　イギリスにおけるヘルシーフードの動態と大規模小売業の取り組み　83

表1　イギリスにおける食品小売業（グローサー）のシェア比較　　　　（％）

年	1983/84	84/85	85/86	86/87	87/88
テスコ社	11.3	12	12.5	13.1	14
セインズベリー社	11.7	12.3	12.8	13.5	13.9
ディー社（サマーフィールド）	4.2	7.7	12.2	11.1	11.5
アーガイル社	5	5.7	5.7	5.7	6.1
セーフウェイ社	3	3.2	3.6	3.9	4.6
アズダ社	7.2	7.4	7.5	7.4	7.6
コープ	13.8	13.3	13.3	12.4	12.1

（出所）　Powell. D. *Counter Revolution: The TESCO Story*, Grafton Books, London, 1991, Appendix Six.

た.

　表1のように，当時，イギリス第2位のスーパーであった，という理由も含め，この時のベンチマークが既述の業界の基準作りのきっかけとなったとポウエルは指摘する[14].

　表1は，イギリスにおける食品小売業（グローサー）のシェアを比較したものである．表で確認できるように，テスコ社とセインズベリー社は強力なライバル関係にあり，ディー社やコープがあとを追う構図となっていた．ちなみに，図4のように，2010年時点でのシェアを比較すると，テスコ社が独占状態であることがわかる．テスコ社に次いで2位をマークしているのは，2000年にアメリカのウォルマートに買収されたアズダ社と，1980年代初めに1位をマークしていたセインズベリー社である.

　テスコ社がこのように躍進を続けてこられた要因は，いくつかあると思われるが，早い段階で商品開発における基準作りを行ったことに加え，テクニカル・スタッフ（technical staff，専門技術者）という，品質管理のエキスパートを組織したことがその1つであるといえよう．テスコ社の場合，9人（75年）→40人（80年）→112人（85年）という具合に早い段階で増強し，高度な品質管理を徹底したのであった[15].

　1980年代半ばから小売業者は食生活の簡便化を促す簡便食品の提供，90年代にかけて健康志向化が続き，96年のBSEの経験のあと，90年代後半からオー

図4 イギリス食品部門市場シェア (2010年)

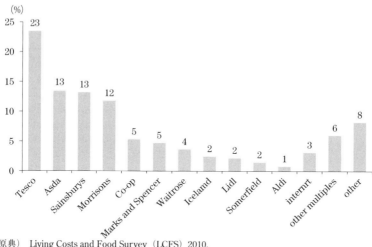

(原典) Living Costs and Food Survey (LCFS) 2010.
(出所) Department for Environment, Food and Rural Affairs, *Food Statistics Pocketbook 2012-in year update*, p.20.

ガニックブーム,さらには,2000年代に入ってはスーパーなどでヘルスプログラムなど,多様な取り組みがなされている.現在,イギリスの大規模なスーパーでは,健康志向な食品の販売について多様な戦略をとっている.

とりわけ,テスコ社においては,ホームページを通じて食品に関する知識や調理方法の提供,関連する食材の通信販売など,プログラムを駆使した商品提供をしている.なかでも,テスコ社では,1人1人に見合った食事バランスの情報を提供する「My Fit Lifestyle」を提案し,1人1人の食生活をトータルに管理できるプログラムを展開している.

例えば,インターネット利用者は会員登録を済ませ,自身の情報を入力していく.摂取した食事のカロリーを計算したのち,残りのカロリーに見合うレディミールなどを画面上に立ち上がらせ,その食品の購買を促す方法をとっている.食品についての知識が豊富な人も,そうでない人も,テスコ社の提案によって食生活が促されている実態といえよう[16].

また,*Supermarket News*の記事によれば,テスコ社が提供するプライベート

ブランドプログラム「My Fit Lifestyle」を評価し，しかも，エントリー品質の
ものからグレードアップしたプレミアムな食品の提供までカバーする，個人の
ライフスタイルのキーとなるブランドであると賞賛した[17]．

　その他にも，フレッシュコーナーにおいては単に食料品を並ばせて販売する
のではなく，店頭ではカロリーの制限をかけたパック詰めサラダのヘルシー
フードなどが並んでおり，例えば，200kcal，500kcalというようなコーナーに
分けて販売がなされている[18]．人々の食生活の健康志向への緻密な商品戦略
が行われている実態である．

　では，統計からはどのような状況が確認できるだろうか．例えば，レディミー
ルにみられるPB商品が健康志向を後押しできていたのかについて，統計を通
じて明らかにしてみたい．

4. 各種統計からみるイギリスの食料消費

　表2はイギリスの家庭で購入される食品の量をグラム数で表したものであ
る．1974年から2003年までのデータであり，肉製品，魚，脂肪オイル類，野
菜などをとりあげた．肉製品においては，第1に，レディミールの顕著な増加
が特徴的であり，第2に，調理済み食材の消費量が急激に増大した1980年代
半ばから90年代において，未調理の豚肉の消費量が全般的に増大した点があ
げられる．また，脂肪オイル類においては，バターとマーガリンの減少が続く
一方で，ローファット類と野菜とサラダオイルで増大がみられた．さらに，生
のジャガイモの半減，加工済みのジャガイモの倍増という傾向とともに，ジャ
ガイモを除く野菜類での消費量の変化はあまりみられない．

　つぎに，図5は加工食品の消費量の変化を表したものである．加工済みのポ
テトの増大傾向とともに，ピザ製品の消費量増大が確認できる．ただ，ポテト
に関しては1990年代後半以降に減少傾向にあり，それに代わってレディミー
ルが増大しているのが近年の特徴といえよう．

　また，図6は，そのレディミールとそれに関連する製品の消費傾向をまとめ

表2　イギリスの家庭で購入された食品とその量

（1人当たり1週間の購入グラム数） (g)

	品　目	1974年	1994年	1999年	2003年
肉　製　品	ベーコン・ハム（未調理）	116	75	66	70
	ベーコン・ハム（調理済）	25	36	37	47
	豚肉（未調理）	127	188	180	200
	豚肉（調理済）	5	19	41	48
	レディミール	27	104	129	155
魚	生・冷蔵・冷凍サーモン	2	5	8	10
	貝	2	5	5	11
	テイクアウトされた魚	20	18	11	11
	レディミール	23	35	26	43
脂肪オイル類	バター	147	36	35	35
	マーガリン	78	46	20	12
	ローファット類	1	77	74	71
	野菜とサラダオイル	22	52	49	55
	ラードを含む他の脂肪オイル類	66	24	14	13
ジャガイモ	生のジャガイモ	1,318	820	693	600
	加工済みのジャガイモ	119	265	278	264
野　菜（ジャガイモ含まない）	生のグリーン野菜	364	254	251	228
	他の生野菜	404	480	513	505
	すべての冷凍野菜	72	121	99	75
	その他，冷凍を含まないもの	300	306	303	271

（出所）　National Statistics, *Family Food in 2004-05*, London : TSO より作成.

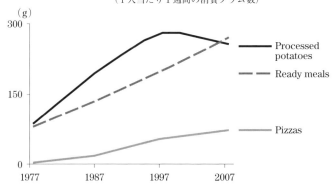

図5　加工食品の消費傾向 1977−2007

（1人当たり1週間の消費グラム数）

（原典）　Defra, *Family Food in 2005-06*, 2007.
（出所）　*Food: an analysis of the issues The Strategy Unit January 2008*, p.26.

図6 レディミールとそれに関連する製品の消費傾向
（1人当たり1週間の平均消費グラム数）

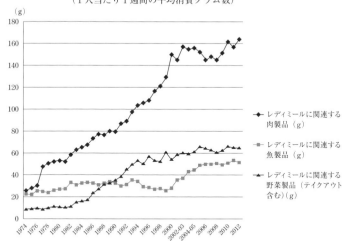

（原典） Adjusted National Food Survey data 1974 to 2000, Expenditure and Food Survey 2001-02 to 2007 and Living Costs and Food Survey 2008 onwards.
（出所） family food datasets 2013/12/12 update 版より作成.

たものである．1974年以降，レディミールと関連する肉製品に大幅な増大傾向があり，2000年代にピークに達している．さらに，テイクアウトの量も含まれるのだが，野菜関連製品のなかのレディミールに関連するものが1986年以降，上昇傾向にあることがわかる．先ほどの表2においてはレディミールの項目がなかったためわかりにくい部分もあったのだが，このことにより，テイクアウトを含んでいるとはいえ，レディミールの野菜の消費量の増大を確認することができよう．

では，テイクアウトされた食品はどの程度の量なのか．それを示しているのが表3である．表3は，イギリス家庭に持ち込まれた食品の品目と量をグラム数で表しており，とりわけ肉に関連する食品とご飯もの，そしてピザが大きく増加していることが確認できる．また，もう1つの特徴は，野菜類のテイクアウトの量が，1974年以降，あまり変化がないことに加え，他の食品と比べて購入グラム数が多いということである．

表3　イギリスの家庭に持ち込まれたテイクアウトした食品とその量

（1人当たり1週間の購入グラム数）　　　　　　　　　　　　　　　（g）

品　目	1974 年	1994 年	1999 年	2003 年
肉類全般	17	62	82	65
肉をベースとした食事類	11	41	48	40
魚類全般	22	22	26	13
野菜全般	50	56	49	57
野菜のうち，チップス類	48	45	39	46
サンドイッチ	1	2	3	3
ご飯	7	17	14	20
ピザ	0	8	14	19

（出所）　National Statistics, *Family Food in 2004-05*, London : TSO より作成.

ところが，次の表4にみられるように，イギリスにおける外食には，違った傾向があるようである．表で確認できるように，表の数値は2001年から2011年の間の外食の消費量の平均値であるが，ほとんどの外食においては減少傾向，もしくは横ばい状態である．

表4　イギリスにおける外食の割合の変化

（1人1週間当たりの平均値）

外食の種類	単位	2001-02	2002-03	2003-04	2004-05	2005-06	2006	2007	2008	2009	2010	2011
インド，中華もしくはタイ食品	g	22	29	29	33	30	29	34	31	28	31	30
肉と肉関連製品	g	94	95	97	91	86	81	77	78	76	75	75
魚と魚関連製品	g	15	14	14	14	14	14	13	13	14	14	13
チーズと卵料理もしくはピザ	g	25	26	26	25	23	23	22	23	21	22	22
チップスとフレンチフライ（ファストフード店からの）	g	13	12	11	10	9	9	8	8	8	9	8
チップス一食事として（レストランもしくはチップショップにて）	g	50	48	46	44	41	39	36	36	35	33	36
生と加工ポテト製品	g	88	85	83	80	74	72	67	66	65	62	62
野菜	g	34	34	34	33	31	30	29	29	28	26	27
サラダ	g	16	17	18	20	20	19	17	19	17	17	16
ライス，パスタもしくはヌードル	g	15	15	14	15	15	15	14	14	14	15	15
サンドイッチ	g	83	86	84	81	80	78	76	73	67	67	64
ミルクを含むソフトドリンク	ml	381	387	394	357	351	347	312	291	286	279	269
アルコール類	ml	733	704	664	616	597	561	503	443	449	413	394

（原典）　*Living Costs and Food Survey.*
（出所）　*family food datasets 2013/12/12 update* 版より作成.

そこで，イギリスの外食と内食の変化について補足するため，表5のように1日当たりの摂取カロリーをとりあげた．*Family Food 2008* のデータにおいては，1940年，1974年，1990年には外食のデータが示されていないが，1995年以降のデータをみる限り，外食は内食の1割程度であることがわかる．多くの食事を家庭内ですましていることが確認でき，その意味において外食の割合が減少傾向にあるといえるだろう．

　また，摂取カロリーについては，National Food Survey (NFS) が図7のようなグラフをまとめている．

　これは1940年以降の平均摂取カロリーを表した図であり，おおよそ2,500kcal 前後をマークしていることが確認できる．ただ，全体的な傾向として確認できるのは，1940年から今日まで，急激な増大はみられず，むしろ横ばい，もしくは減少していた期間も長くあり，一概に，一般論としての摂取カ

表5　イギリスの外食と内食の変化
(1人1日当たりの摂取カロリー)　　　　　　　(kcal)

年	1940年	1974年	1990年	1995年	2000年	2005年	2008年
内食	2355	2534	2058	2143	2152	2082	2028
外食	—	—	—	240	230	280	248

(出所)　National Statistics, *Family Food 2008*, London : TSO, p.43 より作成．

図7　1940年以降食品とドリンクから得ているエネルギーの平均値
(1人1日当たりの平均摂取カロリー)

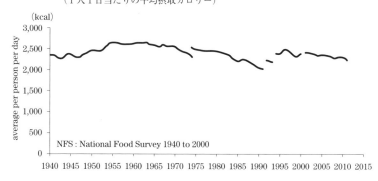

(出所)　National Statistics, *Family Food 2011*, London : TSO, p.61.

90

ロリーと肥満との因果関係を認めることは，この図ではできない．この図で判断されることは，第1に，1940年から今日までの70年ものあいだに，食生活が大きく変化してきた中でも，摂取したカロリー数値にはあまり大きな変化がみられないということ，第2に，レディミールが活発的に展開された1985年から90年までの間にカロリー数値が減少していることである．

このように，統計のデータを通じて，イギリスの食料消費に関連する傾向を確認してきたが，決して多くのカロリーを摂取しておらず，また，家庭内で食事をとる傾向が強いことも確認できた．単に何を食べるかという行動から，何をどのように食べるかという行動へと変化してきた中で，イギリスの食料消費の変化は1980年代半ば以降に大きな変化があったと判断される．

　おわりに

肥満率の上昇に対して販売側の影響力がどのように作用するのかをイギリスの例を通して検討してきたが，1980年代半ば以降，テスコ社によるヘルシーフードの提案，近年のインターネットを通じた個別カロリー管理の提案，さらには店頭でのカロリー制限をかけたサラダの販売など，食品を提案する形を変えつつ，消費者の購買を促してきた．また，各種統計を確認すれば，レディミールの消費量の拡大にみられるような，高付加価値型食品の消費が一般化しつつある中で，食べやすい食事への傾向が支持されてきた．

1980年代半ばから小売業者はレディミールを多用する，いわば，食生活の簡便化を促す簡便食品を提供してきたのであるが，それは単に簡単な食事を提供するだけではなく，ヘルシーを志向させる食品を提案することで90年代にかけての健康志向を促してきたことで，90年代後半からのオーガニックブームをもたらしてきたのだと考えられる．

しかしながら，それらの小売側の努力が肥満をおさえるまでには至っておらず，2050年には肥満率が60％を超えるといった試算を出しているBBCの指摘する「肥満拡大の速さ」に追いついていないことも事実である．これは先進国

図8 フルーツと野菜の購買頻度
(1人一日当たりの平均回数)

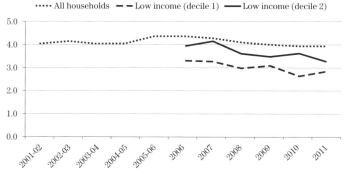

(出所) National Statistics, *Family Food 2011*, London : TSO, p.58.

共通の認識であるようにも思われる.

ところが,NFS が示した1940年以降に摂取されてきたカロリーのレベルをみる限り,決してカロリー制限を無視した食生活とはなっておらず,ましてやカロリーを気にする努力があるからこそ「肥満率の上昇を抑えている」という見方さえできるようにも思われる.BBC の指摘する肥満率の上昇の要因に立ち返ることができる.

1980年代半ば以降の加工済み食品やレディミールの顕著な増大傾向は,消費者へ「食べやすさ」を提供するばかりでなく,カロリーまでをも計算した食材を並ばすことで,いわば,消費者自身の健康に対する自己管理の重要性を訴えてきた.消費者のさらなるレディミールの支持による肥満率の低下には,もう少し時間が必要なようである.

問題は,図8のように,所得の格差が広がるイギリスにおいて,とりわけ低所得者層が,健康や栄養が考えられていない,比較的安価な食品を大量に摂取している,もしくはバランスの取れていない偏った食生活をしている可能性がある.その意味において所得と食生活の関係性は,過去の議論ではあるものの,何を食べるかではなく,どう食べるかといった形で変化している現代の食料消費の特徴をふまえつつ,所得別,年齢層別に分けた詳細な分析が今後,必要で

ある．また，ヘルシーフードに関するイギリス政府の各種の食品政策に関しても，今回はあまりふれることができなかった．どのような基準で食品政策が行われ，それがレディミールのような PB 商品開発にどう影響を及ぼしてきたのかについても，今後の課題である．

1) 金度渕『現代イギリス小売流通の研究—消費者の世帯構造変化と大規模小売業者の市場行動』，同文舘出版，2012 年，136 ページ．
2) http://www.oecd.org/unitedkingdom/obesityandtheeconomicsofpreventionfitnot-fat-unitedkingdomenglandkeyfacts.htm（アクセス：2014.7.22）．
3) http://www.bbc.com/news/health-25713368（アクセス：2014.7.22）．
4) *The Grocer*, August 31, 1985, p.109.
5) Davies, D. and Carr, A., *When it's time to make a choice: 50years of frozen food in Britain*, The British Frozen Food Federation, 1998, p.65.
6) *The Grocer*, August 31, 1985, p.92.
7) *The Grocer*, March 22, 1986, p.4.
8) Powell. D., *Counter Revolution: The TESCO Story*, Grafton Books, London, 1991, p.199.
9) アメリカの上院議員のマクガバン氏がアメリカ国民の医療費と平均寿命との関係に疑問をもち，世界中の学者を集めて調査した調査結果がマクガバン報告である．発表した年は 1977 年（津志田藤二郎「フードバランス」，『日本食品科学工学会誌』，53 巻（8），2006 年，448 ページ）．
10) Powell. D., *op. cit.*, p.199.
11) *Ibid.*, p.200.
12) *Ibid.*, p.200.
13) 金 前掲書，95-96 ページ．
14) Powell. D., *op. cit.*, p.200.
15) 金 前掲書，125 ページ．
16) http://www.tesco.com/groceries/zones/default.aspx?name＝my-fit-lifestyle を参照されたい．
17) http://supermarketnews.com/retail-financial/dont-count-out-tesco（アクセス：2014.9.22）．
18) https://www.tescoplc.com/talkingshop/index.asp?blogid＝210（アクセス：2014.7.22）．

第4章 イギリスにおけるヘルシーフードの動態と大規模小売業の取り組み 93

参 考 文 献

Attanasio, O. P. and Weber, G., "The UK consumption boom of the late 1980s: aggregate implications of microeconomic evidence", in *The Economic Journal*, No.104 (November), 1994, pp.1269-1302

Burt, S. and Sparks, L., "Structural change in grocery retailing in Great Britain: a discount reorientation?", in *Post 1945: retail revolutions - The retailing industry (Tauris industrial histories) Volume.3*, ed., Benson, J. and Shaw, G., St Martin's press, GB, 1999, pp.93-113

Central Statistical Office, *Annual Abstract of Statistics* (No.120~134), London, HMSO

Central Statistical Office, *Family Spending: a report on the family expenditure survey* (No.1990~1999-2000), London, HMSO

Department for Environment, Food & Rural Affairs, *Food Statistics Pocketbook 2012 - in year update*, London

Department for Environment, Food & Rural Affairs, *family food datasets, gov.uk*, London

Davies, D. and Carr, A., *When it's time to make a choice: 50years of frozen food in Britain*, The British Frozen Food Federation, 1998

National Statistics, *Family Food in 2004-05*, London : TSO

National Statistics, *Family Food 2008*, London : TSO

National Statistics, *Family Food 2011*, London : TSO

OECD, *OECD health data 2000 : a comparative analysis of 29 countries*[CD-ROM], Paris

Powell. D., *Counter Revolution: The TESCO Story*, Grafton Books, London, 1991

Ritson, C. and Hutchins, R., "The Consumption Revolution", in *Fifty Years of the National Food Survey 1940-1990*, ed., Slater, J. M., HMSO, UK, 1991, pp.35-46

Shiu, E., Dawson, J. A. and Marshall, D. W., "Segmenting the convenience and health trends in the British food market", in *British Food Journal*, Vol.106(2), 2004, pp.106-127

William Reed, *The Grocer*, UK

Wrigley, N., "How British retailers have shaped food choice", in *The Nation's Diet: The social science of food choice*, ed., Murcott, A., Longman, London, 1998, pp.112-128

OECD ホームページ，BBC ホームページ，テスコ社ホームページなど

第5章　食文化とインターナル・ツーリズムの関係性
——特に和食

は じ め に

　食文化とツーリズムに関心を寄せるきっかけになったのは，15年近い自分
自身の米国と英国での海外生活経験が大きく関係しており，それらから多くの
ことを学んだ．米国で自然との付き合い方や近代都市の有り様に触れたのに比
べ，英国ではフランス，ドイツ，イタリア，スペイン，スイスなど西ヨーロッ
パ諸国を訪問する機会に恵まれ，そこで暮らす人々をはじめとし自国の旅行者，
周辺国の旅行者の食事の楽しみ方や時間の使い方など，食と文化と生活様式を
体感できた．彼らの旅行目的は様々であるが，夕食には地元料理とワインのマ
リアージュ，そこに集う人たちとのたわいないコミュニケーションや触れ合い
を通し，その街を知ると同時に，より豊かな時間と空間を演出している．この
ような経験がベースとなり，2010年度から大学院の授業で「食文化とツーリ
ズム」の講座を担当することとなった．本章では講義内容を部分的に取りまと
めたものも紹介する．
　2013年（暦年），日本政府観光局（JNTO）の調べによると，日本へ入国した
海外旅行者数は1036万人と，初めて年間1000万人を超えた．2014年10月末
には1100万人の外国人が入国し，年間約1300万人の訪日外国人が期待されて
いる．その背景には，円安効果による日本旅行への割安，東南アジア向け観光
査証の免除，日本政府によるビザ申請基準の緩和，継続的な訪日プロモーショ
ンの効果が影響していると考えられる[1]．2014年10月からは免税対象品の拡
大やインドネシア，フィリピン，ベトナム向けの数次ビザ緩和なども追い風と

して挙げられる[2]．さらに，2013 年 12 月にユネスコ無形文化遺産保護条約の
5 番目として「和食」が登録され[3]，日本の食文化の高さがあらためて世界的
に認識されたこともある．

　本章では，第 1 に食文化とツーリズムの関係性と概念を整理し課題を提起す
る．第 2 に日本人と海外からの旅行者両面から食文化とツーリズムに関する実
態把握とその課題の方向性を検討する．第 3 にその課題と今後の方向性につい
て論じることとする．

1．食文化とツーリズムの概念

(1) 食文化の概念

　1980 年代に広めた文化人類学者の石毛直道は食文化を『「食べる」ことを文
化として考えていくのが食事文化であり，食の文化である』[4] と表現している．
さらに，石毛は，「食文化は食料生産や食料の流通，食物の栄養と食物摂取と
人体の生理に関する概念など，食に関するあらゆる事項の文化的側面を対象と
している」と定義している[5]．食文化史・食教育史を専門とする江原絢子は，
石毛の食文化概念を踏まえ，「民族・集団・地域とその時代に習慣化され伝承
される食物摂取に関する生活様式を包含する概念を食文化」と定義している[6]．
食の概念について調理法・食器・食事の作法まで包含している．

　本章では食文化とツーリズムの関係性を重視しているため，食文化はその土
地の天候や風土を踏まえた食物の生産・加工方法から流通プロセス・保管，消
費とリサイクル或いは再生産の一貫したプロセスとその土地固有の調理・保存
技術，飲食の作法や生活習慣，催事，季節感と伝承する人々の生活様式と交流
も含めた概念と定義する．ツーリズムの基本は旅行者と地元との交流が必要不
可欠であり，その土地で起きる自然現象，定期的に行われる催し・生活習慣，
優れた伝統を学ぶ，そこからの新たな発見などがツーリズムの醍醐味と言え
る．

　日本料理と表現すると，京都の料理屋で提供される高級料理をイメージする

ケースが多い．室町時代に確立された本膳料理，千利休によって完成された懐石料理は茶会を楽しむための料理で，その後酒を楽しむための料理として会席料理が京都の料理茶屋で発展していった．会席料理の基本は，一汁三菜に酒の肴が加えられ今日に至っている．日本食の基本は江戸時代まで魚や野菜を中心とした一汁一菜（ご飯と香の物は除く）で，祭事や重要な来客があれば一汁三菜となる．明治時代以降食肉の解禁によって牛鍋に代表される肉食が徐々に広まるも，庶民が肉を口にすることが一般的になるのは，大正時代のトンカツの普及が大いに貢献していると言われている[7]．日本食は歴史的経緯から時代と共に変化しているが，特に明治維新以降の食生活の変化は，それ以前よりも大きく変化していると言えよう．

(2) ツーリズムの概念

ツーリズムという用語が日本で登用されたのは1930年浜口内閣である．国家財政再建の一施策として海外からの旅行客を増やすことを目的に，鉄道省国際観光局（The Board of Tourist Industry）を設置した[8]．この時からツーリズム（Tourism）は「観光」と同意語化していく[9]．当時のツーリズムの語彙には，外国人旅行者が鉄道を利用し国内を観光する観光産業の振興と外貨獲得の意味も含まれていた．

周知のとおり観光の語源は，中国『易経（周易）』の一節にある「六四　観国之光，利用賓于王」と言われ，国の光（庶民の生活，優れた物事）を観て（観察，学ぶ），王の大切な務めが何であるかを把握することを意味していた．明治時代以降，「観光」の主たる対象者は王から市民へ変わり，その目的は本来の「観る」から「見る，学ぶ，参画，交流，飲食，購買」などに変化して行く．観光という言葉の意味には，浜口政権下では先駆的に外国人旅行者も包含されていた．

東京オリンピック開催1年前の1963年に旧観光基本法が制定され，前文で「観光基盤の整備及び環境の成形」[10]が急がれた．2007年小泉政権下で新しい観光立国推進基本法が施行された．その条文にある「観光」の定義は明確ではなく，観光は「国際平和と国民の安定を象徴するもの（旧法と同じ）」，「地域経

済の活性化，雇用機会の増大等国民経済のあらゆる領域にわたりその発展に寄与するとともに，健康の増進，潤いのある豊かな生活環境の創造等を通じて国民生活の安定向上に貢献するものであることに加え，国際相互理解を増進するものである（新規）」と前文に記載されている[11]．つまり，現代の「観光」が持つ意味は，市民の観光活動だけでなく，産業振興はじめ地域活性化，国際振興など供給サイドの産業振興まで包含していると考えられる．

次に，UNWTO（United Nations and The World Tourism Organization 国連世界観光機関，以下WTO）によると，ツーリズムとは「レジャー，ビジネス，その他の目的で1年未満，日常生活の場所から離れて旅行する活動」と定義している[12]．旅行目的は，レクリエーション，ホリディ，スポーツ，ビジネス，会合，会議，研究，友人，親戚訪問，保養，宗教・伝道などが挙げられる．観光客とビジネス客の区別は必要なく，両者ともツーリズムの担い手である．日本では多くないが，植民地を有した欧州の国によっては移民による相互親戚間の訪問も大きな動機づけとなり得る．観光立国推進基本法で使われる意味も含めた観光は，WTOの定義するTourism（ツーリズム），つまり旅行者の諸活動に限定した定義より広範囲な概念ととらえることができる．本章で言うツーリズムはWTOの定義に準じ，カタカナで表示する．

2．ツーリズムにおける食文化の位置づけ

食文化とツーリズムの関係性は，旅行動機に食の存在がどの程度であるかということが大きなカギとなっている．日常生活で「飲食」そのものに関心がない人にとっては，旅行先でも「飲食」に関心がないと推察される．場合によっては旅先でしか得られない食事に開眼し，食に対する考え方が変化する可能性がないとは言えないが，本章ではこのような事象は対象外として論を進める．

(1) 食文化とツーリズムの関係性
マイケル・ホールとリズ・シャープルズは食とツーリズムの関係を「フード

ツーリズム」と呼び,図1で縦軸に旅行者の規模,横軸に旅行動機の「食関心度」で表現している[13].右上に向かうほど,食文化に対する興味・関心は低くなり,旅行目的は異なってくる.左下から順にガーメットツーリズム(食通,美食家),ガストノロミックツーリズム(高級グルメ),キャナリーツーリズム(料理),ルーラル・アーバンツーリズと区分されている.ホールのフードツーリズムはワインツーリズムをベースとしているため,高級グルメと食通・美食家を1グループとした,計4区分は,日本的な食文化とツーリズムには馴染みにくいと考えられる.

したがって,本章では図2のとおり3分類を基本とする.その内訳は,第1に,左下の食を職業に持つプロフェッショナルや食通と呼ばれる人たち対象の「食文化の専門家・食通を対象としたツーリズム」で,特徴として味覚のレベル,経験そして個人のレベルを超えた予算を必要とする群である.第2は,本

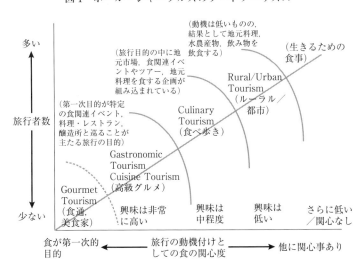

図1 ホール・シャープルズのフードツーリズム

(出所) Hall, C.M., Sharples, L., Michell, R., Macionis, N., and Cambourne, B., *Food Tourism: Around the World*. Oxford: Elsevier, 2003, p.7. 日本語表示加筆と一部修正.

図2　本章の食文化とツーリズム

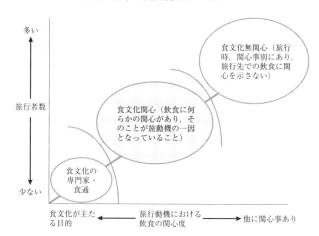

(出所) Hell et. al. [2003], p.11 を基本に内容を加筆修正.

章で主たる対象者となる「食文化に関心」のあるツーリストで，出張，帰省，観光，学会など旅行動機は問わず，旅先で飲食はじめ食関連のイベント，生産者との交流など，幅広い関心を持ったツーリスト群である．第3は右上の第3グループで，旅先で食事はするものの，地元の郷土料理，その時の旬な料理や飲料には関心を示さない「食文化無関心」群である．本章は真ん中の食文化に関心のあるグループが主たる対象となる．

(2) 食文化とツーリズムにおける2つ現実的課題

日本の食には日本料理，日本食，和食などの呼び方がある．ここでは「和食」という言葉を活用する．その和食と実態を考える上で2つの課題がある．第1の課題は海外での日本飲食店と日本で提供されているメニュー，素材，テーストの違いである．2013年12月ユネスコ無形文化遺産に「和食」が登録されて以来，和食という言葉は海外で日本食をイメージさせる言葉"WASHOKU"として表現され始め，日本食の認知度を国際的に高めることに役立っている[14]．

2013年3月時点，海外にある日本食店は5万5000店で，3年間で2万5000

店増加したと言われている[15]．日本食店の定義も難しい判断ではあるが，大半の飲食店は日本人以外のオーナーが経営している．そこで提供される日本食は現地化した食材や味覚に変化し，日本人から見れば新しい概念の日本食が提供されている感がある．その代表例が英国の回転寿司チェーン 'Yo! Sushi' である．回転寿司のベルトコンベアには現地化した寿司をはじめとし，サーモン春巻き，鴨餃子，チキン照り焼き，揚げ物，天ぷらなど様々なメニューが提供されている．1997 年創業以来，英国実業家サイモン・ウッドロフは英国国内で直営店を経営する一方，アイルランドとエジプト，クウェート，サウジアラビア，UAE など中東で FC 展開を進め，現在約 70 店舗を有している[16]．こうした非日本人が経営する現地日本食の飲食店は，農林水産省が提唱するWASHOKU や日本フードサービス協会等が支援し設立した本来の日本食や食材，文化の伝承を目的とした日本食レストラン海外普及推進機構（以下 JRO）[17]とは似て非なるメニュー，食材，味覚，サービス提供方法に変化し，地元の顧客の支持を得ている．と同時に，ビジネスとしては十分成功しているのも事実である．

　ユネスコが WASHOKU を無形文化遺産として「日本人の伝統的な食文化」は，① 多様で新鮮な食材とその持ち味の尊重，② 栄養バランスに優れた健康的な食生活，③ 自然の美しさや季節の移ろいの表現，④ 正月などの年中行事との密接な関わりという 4 特徴を挙げている[18]．このことからも，海外で食する日本食と本来の和食には大いなるギャップがあると言わざるを得ない．実は，そこにインバウンド・ツーリズムにおける WASHOKU の存在価値があるとも言える．

　第 2 の課題は日本の家庭にある．戦後 60 余年，日本人の食生活は米や野菜，魚の摂取量が減少する一方，牛乳・乳製品，肉類，油脂類が増加していった．1980 年頃，米を主食として，魚，肉類，野菜などから構成される副食は栄養素の熱量バランスが適切と言われ，「日本型食生活」と呼ばれる理想的な時代があった[19]．その後，米と野菜の摂取量は減少し，脂質の摂取量割合が増加傾向にあり，農水省の調査では，2013 年「日本型食生活」を実践している人は

15％と推計しており[20], 日本型食生活以外の食生活が主流となってきている.

アサツーディ・ケイ（以下 ADK）が実施した家庭の食卓調査によると, 親から料理を学ばないで育った今日の母親（20 〜 30 歳代）は「出産を契機に食事が作れなくなる」,「食事を作るより買い物に時間をかける」といった傾向があり, 総菜・調理品・持ち帰り弁当など夕食も含めた食の外部化と簡便化が進行している[21]. 事実, 週末, 郊外の住宅地近隣にある持ち帰り弁当店では小さな子供連れ家族が弁当を求めて待っている姿や, 食品スーパーで母親と子供たちが自分の好きな惣菜や弁当を選ぶという個人別夕食メニューも多々見受けられる. ADK 調査ではこれらを「単品羅列型料理」と呼び, 家族団らんで夕食は取ってはいるが自分の好みの料理を食するという現象が日常化している.

NHK 放送文化研究所は日本人の食生活調査から, 1 日 3 食の食事が取られていない実態を「崩食」と表現し, 健康や栄養のバランスが欠けた食生活をしているにも拘らず, 関心を示さないことをもって「放食」とも呼んでいる[22]. いずれの調査からもわかるとおり, 日本人の食生活は 1980 年頃と比較し明らかに不健全な食生活の状況下にあり, 2005 年に食育基本法が制定された背景になったとも言える.

味覚の形成は離乳食期（3 歳まで）と言われている. この時期に母親の手料理ではなく中食産業に味覚の形成を委ねてしまうと, スーパーマーケットや惣菜店の味が家族の味覚となる可能性もありえる. 無形文化遺産として今後も「和食」を堅持するためには, 1 人でも多くの日本人が日常の生活の中で「日本型食生活」を実践することが課題と言えるだろう. 昨今, グルメブームと言われてはいるものの, 本当の意味で食に関心を持っている市民はごく限られているかもしれない.

3. インターナル・ツーリズムと食文化の関係

(1) 地域と対象者から見たツーリズム

ツーリズムを対象者別に分類すると, ① 日本人の国内ツーリズム（ドメス

ティック・ツーリズム），②日本人の海外旅行（アウトバウンド・ツーリズム）③外国人旅行者の日本国内旅行（インバウンド・ツーリズム）の3つに区分できる[23]．次に，地域を基準に考えると，インターナル・ツーリズム（国内）はドメスティック・ツーリズムとインバウンド・ツーリズムから構成される（図1の「国内日本人向け市場」と「国内外国人向け市場」）．日本人を対象としたナショナル・ツーリズムはドメスティック・ツーリズムとアウトバウンド・ツーリズムから構成され，インターナショナル・ツーリズム（国際）はインバウンド，アウトバウンド・ツーリズムそしてグローバル市場から構成される（図3）．

　本章では日本の食文化とツーリズムを対象としているため，インターナル・ツーリズムが対象となる．国内日本人向けの一例として，国内延べ宿泊者数（日本人のみ）は4億3200万人，日帰り観光旅行延べ人数2億1155万回（2011年を底）で，両件とも増加傾向にある[24]．2013年以降円安ドル高にあるため，海外より国内を志向するドメスティック・ツーリズムが増えている．

図3　旅行対象者と訪問先との関係性

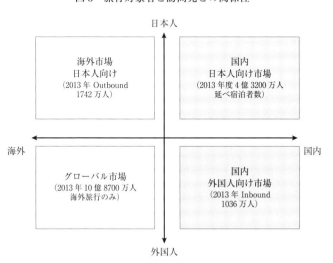

（出所）筆者作成．

(2) インバウンド・ツーリズムと食文化の概要

過去10年間の日本を訪れる外国人旅行者数の推移を見ると，2007年800万人を突破して1000万人を達成するまでに6年の歳月を要している．その間，金融危機，自然災害など，様々な難局を乗り越え，今年は約1300万人の外国人旅行者数が見込まれている．70％がアジア近隣国からの旅行者で，「ゴールデンルート」と呼ばれる東京，富士山，京都，大阪を周遊するコースを選択する．図4からもわかるとおり，過去14年間の傾向を見ると，アジア諸国からの入国者数と全外国人旅行者の比率は旅行者数が増減しても変化がないことが読み取れる．韓国，台湾，中国からは年間100万人を超える旅行者が日本を訪問している．過去数年間，香港，タイ，マレーシア，インドネシア，ベトナムなどからの旅行者も急増し，幅広い国から旅行者の増加が見られる．JTBとジャパンガイドが行った調査によると，最も楽しかった活動は日本の文化や景

図4　訪日外国人旅行者の推移

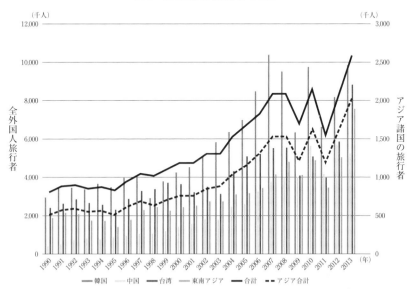

(出所) 日本観光局 (JNTO) 東南アジアには香港，タイ，シンガポール，フィリピン，インドネシア，マレーシア，2006年からベトナムの7カ国を対象としている．

観,都市での街歩き,地元の人との交流(会話,挨拶,案内など)を挙げている.

図5はその内容を項目別にみると,「日本食を楽しむ」と「街歩きを楽しむ」(回答内容によると,食べ歩き,デパ地下の食品売場,レストラン巡りなど)の2項目は特に食文化に関連している.アジアからの観光客は日本の文化より美しい景観や食を楽しむ傾向が強く,その中でもラーメン,お好み焼き,寿司を支持しており,このことからも食のインパクトが見いだせる.その他にも,懐石(KAISEKIという英語),精進料理,牛丼,カレー,うどんなどの認知度も高まっている.総旅行支出額は日本までの航空料金,滞在期間,旅行目的などによっても異なる.観光庁が実施した調査によると,飲食費は全体の支出の16~26%を占めている.マレーシア・フランス・ロシアの飲食費は4万円を超え,米国・英国は3万9000円台である.次に,中国・シンガポールは3万3000~3万4000円台,香港の2万9000円代,最も少ないのは台湾・韓国の1万9000~2万1000円台である(表1).マレーシア,フランス,ロシア,(平均25日)米国,英国は韓国,台湾に比べ支出額と構成比が高い.その理由の1つは,滞在期間が平均2週間を超えていることである.かたや,韓国,台湾は平均6日

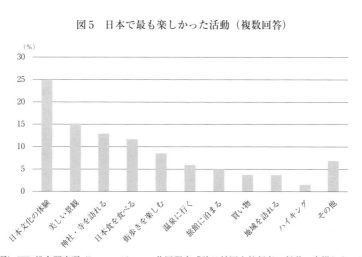

図5 日本で最も楽しかった活動(複数回答)

(出所)JTB総合研究所/Japan-guide.com 共同調査「訪日外国人旅行者の行動~自慢したい日本の街や文化~」2014年.

表1　2013年　訪日外国人国別旅行費用と飲食費　　（単位：円）

	総旅行支出額	飲食費	飲食費構成比（％）	観光目的の飲食費		平均滞在日数	1日平均食事金額
				初回訪問	複数訪問		
韓　　国	80,529	19,260	23.90	15,172	15,503	6.5	2,963
台　　湾	111,956	21,129	20.70	20,954	22,581	6.4	3,301
タ　イ	126,904	20,315	16.00	19,943	22,727	10.3	1,972
香　　港	141,351	29,575	20.90	26,952	30,453	5.9	5,013
マレーシア	144,784	42,810	26.40	38,728	45,713	12.5	3,425
シンガポール	164,247	34,344	20.90	36,236	37,591	7.7	4,460
米　　国	170,368	39,355	23.10	41,177	34,311	15.3	2,572
英　　国	171,545	39,435	23.00	44,214	52,305	12.2	3,232
フランス	203,913	44,931	22.00	45,662	54,888	20.0	2,247
ドイツ	156,285	33,775	21.61	44,659	44,082	13.3	2,539
中　　国	209,898	32,517	15.50	27,505	31,301	19.8	1,642
ロシア	210,305	41,460	19.70	60,679	36,395	25.1	1,652

（注）90日内滞在の旅行者対象．総旅行支出額の中には業務目的の旅行者も含まれている．
（出所）観光庁『訪日外国人の消費動向』2013年　年次報告書．

のため総旅行支出額に占める飲食費の絶対金額が低くなっている．

　アジア諸国内では平均所得が高い香港やシンガポールの旅行者が1日平均4,500～5,000円の飲食費をかけている．中華系の台湾，マレーシア（華人系はマレー系より所得が高い），韓国，英国の旅行者は3,000～3,400円の飲食費となっている．中国とロシアの旅行者は滞在日数が多いため，1,600円台と飲食費の節約志向は強い傾向にある．その中間が米国，フランス，ドイツで，滞在期間は2～3週間と総じて長く飲食費も2,300～2,600円台に収めている．

　米国とロシアを除き（ロシア人は平均25日と滞在日数が長いこととも関係する）データから明確に言えることは，複数回訪日した旅行者は飲食費が増加傾向にあることである．日本食を食べた経験から自分好みの食事と価格に応じた選択を行い，1日の食事の取り方に強弱を付け，自分が食したい日本食を何時どこで食べ，その間はファストフードや軽食で済ませるといった使い分けがされている．滞在中の総食費支出額と1日当たりの食費には正の相関関係はほとんど

なく，食に対する関心度と旅行者の所得水準に応じて，飲食費は決められると想定される．

　滞在中に行った活動として，「日本食を食べること」96.6％，「ショッピング」77.7％，「繁華街歩き」66.6％，「自然景観地観光」56.9％（複数回答）と回答している．滞在中，食事は必ずとるため，旅行者の好みは別としても日本食を食べる機会は多いと言える．

　滞在中の期待以上だった活動として，「日本の生活体験」70％，「日本の歴史・伝統文化体験」67.9％，「自然景観地観光」62.5％，「温泉入浴」60.7％，「日本食を食べること」54.9％と続いている．生活体験はじめ，日本でしか体験できない活動項目が上位に入るのは当然である．次回訪日した折に実施したい活動として，「温泉入浴」と「日本食を食べること」が最も多く支持されていた．リピート率が高い活動項目はツーリストの満足度が高く，その選択肢も多いことを示唆しており，日本文化の幅と深みを認識させられる．

　外国人が期待する日本の魅力は，経験則が増加すればするほど日本的な日常の生活体験を重視する傾向が強い．例えば，渋谷スクランブル交差点「人の波」，新しいコンセプトのナインアワーズ京都カプセルホテル，日本橋盆栽の清香園と新宿ゴールデン街の飲み屋，新宿伊勢丹食品売場の試食，大阪自由軒カレーライスなど都心部で日常生活の中にある日本的な特徴の見いだせるものが興味をひいている．

　スマートフォンに代表される携帯情報機器を利用した検索は外国人旅行者にとっても重要な情報入手方法である．最大の課題は外出先でのフリーの Wi-Fiスポットを見つけることである．スターバックスコーヒーが同サービスを無償で行っているのを多くの外国人観光客は知っているため，そこに旅行者が自然に集まってくる．旅行前の情報収集は大きな旅行日程を決める上では重要だが，旅行中名所旧跡への行き方や概要説明，その日の食事先を決める上で，SNS やブログの書き込みは貴重な情報源でどこを選ぶかを決める要因にもなり得る．

(3) ドメスティック・ツーリズムと食文化

日本は四季折々にその地方独自の山の幸や海の幸といった農水産物が取れ，世界的にも豊かな食べ物が安全・安心に提供できる条件が整っている国と言える．地産地消を前提とした代表的な都市と料理を挙げ，表2にまとめた．提供する飲食店・宿泊施設によってはかなり高額な料理も含まれている．

2007年，「食べてみたい，食べさせてみたい，ふるさとの味」として全国1,644品の郷土料理やご当地料理を農林水産省が取りまとめた．郷土料理は季節の旬の素材を活かし，その土地に伝わる伝統的調理方法で作られた地元自慢の料理である[25]．正しく，地産地消を代表する料理が数多くあることがわかったものの，短期間しか提供できない食材，収穫量が少ない，提供できる人の地域が限られているなどの制約条件もあり，需要を掘り起こしても提供できる量に限りがあるため，需要と供給の間にミスマッチが発生することも想定される．

表2 代表的な都市・観光地と料理

都　市	料　理	都　市	料　理	都　市	料　理
札　幌	毛ガニ，タラバ，ジンギスカン，札幌ラーメン	名古屋	ひつまぶし，みそかつ，名古屋コーチン	博　多	屋台，博多ラーメン，水炊き，魚料理
旭　川	旭川ラーメン	横　浜	中華料理	明　石	タコ，鯛
小　樽	寿司	松　本	信州そば	高　松	讃岐うどん
函　館	魚介類，函館ラーメン	新　潟	寿司，へぎそば	出　雲・穴道湖	出雲そば，宍道湖料理
大　間	本マグロ	浜名湖	ウナギ料理	下　関	ふぐ
気仙沼	ふかひれ料理	長良川	鯉料理	呼　子	イカ料理
盛　岡	椀子そば，冷麺	伊勢志摩	伊勢海老	長　崎	卓袱，ちゃんぽん
松　島	カキ	松　坂	松坂牛	宮　崎	地鶏料理
仙　台	牛タン	香　住，城之崎	松葉ガニ	鹿児島	黒豚料理
秋　田	きりたんぽ鍋，稲庭うどん	京　都	京料理，川床料理	沖　縄	琉球料理，そば，ステーキ

（出所）都道府県のお国自慢・名産から作成．

地産地消型の食文化とは別に，伝統的な各種催しや季節行事（おせち，年越し蕎麦，土用の丑の日，八十八夜，節句，こどもの日，お彼岸，祭り，盆踊り）をはじめとした街おこしや食のイベントが近年増加し，その代表格が 2006 年八戸で開催された B1 グランプリである．その他，各地の B 級グルメ，地域活性化のグルメイベント「食べないと飲まナイト」や「街バル」，百貨店，駅ビル，専門店ビル街などで開かれる各種物産展と飲食の食の物産会，ワイン・地ビール・日本酒の試飲会や見学ツアー，地元のお祭り・祭事にあわせた各種催しなど，これら多くのイベントには集客しやすい場所が選定されている．その中でも 1980 年代からの B 級グルメは安価で美味しく子供から大人まで食することができる食事が主流になっている．近年では，「B 級ご当地グルメ」と呼ばれる特定の地域と結びついたメニュー開発も増え，郷土料理とは主旨が大きく異なり，今日的・創作的なメニューで街おこしなのか単なるビジネスベースなのか見分けが付きにくい事例も少なくない．

加えて，「ご当地グルメで街おこしの祭典 B1 グランプリ（通称 B1 グランプリ）」は年に 1 回 1 都市で開催される食の一大イベントがある．B1 の B はブランドを表し，B 級（大衆的）ではないため，一般市民には B 級と B1 の区別はつけにくく混乱を招いている[26]．2010 年厚木（44 万人来場）で開催された第 5 回 B1 グランプリ 2 日間の経済効果を横浜銀行が試算した．その内訳は直接的消費額が 28 億円（来訪者らの入場料，厚木市内での買い物・飲食など直接消費額），マスコミ取材やテレビ放映など間接的経済効果が 7 億 2600 万円で合計約 36 億円，今後約 40 億円の消費が見込まれた．イベント参加後の来場者調査によると，回答者の 65％が B1 グランプリのご当地観光に意欲的であった[27]．経済波及効果が大きく，一部のメニューは大手食品メーカーによってブランド化され，製造販売されている．食文化とツーリズムの観点から見れば，B1 グランプリは国内最大級のイベントの 1 つと言えるであろう．

地産地消の農水産物は大手小売チェーン店でも販売されているが，その代表格は全国に 1 万 6000 以上（2009 年調査）ある産地直売所と長距離ドライブ用に設置されている 1,040 の道の駅（2014 年 10 月現在）である．直売所は生産者グ

ループ，農業協同組合，第3セクターなどが主体となって運営されており，9割以上は常設施設で年間1万人以上来場する直売所が全体の40％を占め，20万人以上来場する直売所も6％存在する[28]．その人気は「朝取り販売」，「地場農産物のみの販売」に裏打ちされる鮮度・品質の良さ，価格の安さである．一部の直売所は道の駅にも併設されていることで道の駅の価値を高めている．

　道の駅は休憩，情報発信，地域連帯の3機能のコンセプトで，市町村を経由し国土交通省への登録手続きを経て設立が可能になる[29]．地域連帯としての道の駅は農業，観光はじめ地域の個性・魅力を高める一助となっている．農産物以外に，福岡県「むなかた」，千葉県「とみうら」，山形県鶴岡「あつみ」などでは近隣の漁港から直送された魚介類が販売されることで，集客力が非常に高い．直売機能だけではなく，温泉施設，地元食材のレストラン，郷土料理や地酒など特産物，資料館，体験工房，水族館，自然の景観，特産フルーツ等々様々な工夫やイベントを企画する道の駅も少なくない．こうした魅力に着眼した大手旅行代理店（例えば全国旅行業協会が主催するANTA-Net「地旅」，近畿日本ツーリストの「旅の発見」，JTBなど）が日帰りツアーと称し，地産地消の農産物や物産品を安く購入する，新鮮な食材を使った食事を楽しむといった企画を提供している．国内日帰り観光旅行者は2011年1億6600万人を底に，2012年1億1700万人，2013年1億8100万人と増加傾向にある[30]．その中でも農産物・海産物を求める日帰り旅行は人気を博している．

　日本人が国内で期待する食文化の魅力は，現地でしか味わうこのできない地産地消と地元の伝統的な調理方法，季節感を味わえることだけではない．日常生活とは異なる新たな発見，例えば，食事に提供される器，味付け，飲み物，食べ方，提供方法など，地元の人たちとの会話を介した交流と情報発信などが食文化の良さである．

　日本の四季が持つ季節感，食材・調理方法・酒と肴など食の嗜好，日常性と非日常性（柳田国男が唱える「ケとハレ」）という3軸の関係性を表した概要が図6である．旅行者の季節感と伝統行事や宗教行事，併せて食文化を加えることで立体的な位置づけから関係性を見ることができる．考え方としては，図では

第 5 章　食文化とインターナル・ツーリズムの関係性　111

図 6　四季・食文化・行事とイベントの関係性

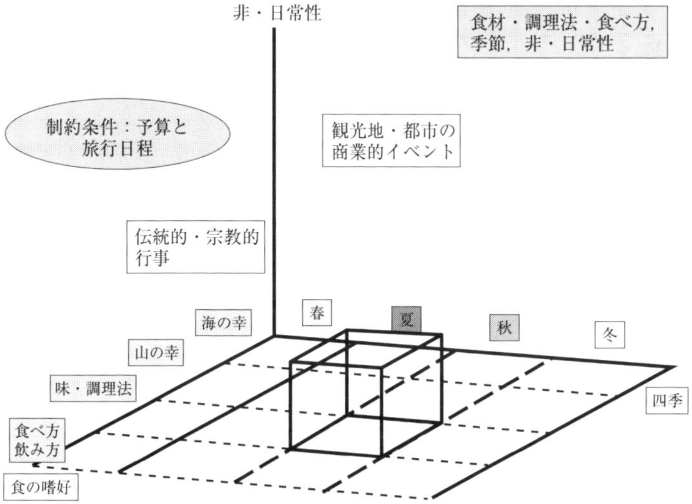

（出所）筆者作成.

　行楽の秋, 例えば, 京都妙心寺退蔵院秋のお食事付き特別拝観をあてはめることができる. 旅の目的は 1 つとは限らないため, 1 つのスポットだけに限定しているわけではなく, 複数のスポットが選択されることもある.

(4) バカンス型休暇と食文化

　日本では 1 週間近い休みが取れる機会はゴールデンウィーク, お盆, 年末年始に集中している. 連続休暇の平均は 7 日であり, 年次有給休暇取得率は 46 〜 49％である[31]. 夏休みや冬休みに 2 週間以上の連続した休暇が取れる家族は少ない. 近年,「ポジティブ・オフ」と呼ばれる前向きに休暇を取り, ① 個人（従業員）の生活を豊かにして, ② 企業の長期的視野に立った価値向上, ③ 休みを活かした地域社会への貢献という三位一体を狙った運動が始まり, 420 社（2014 年 10 月現在）を超える企業・団体が賛同し, 導入している[32]. ポジティブ・オフが社会全体で積極的に導入されるならば, 従来の旅行形態にプラ

すし新たな旅行スタイルが構築される潜在性を秘めている．つまり，旅行スタイルが今までの短期集中型から，時間的余裕のある長期分散節約型へ変化する可能性も孕んでいる．

食に関連した新しいツーリズムとして，自然観光資源と地域振興にも取り組むエコツーリズム，子供たちや海外旅行者を対象とした農林漁村で「食」をコアとした滞在型グリーンツーリズム[33]などがある．これらは子供たちや時間的余裕のある年齢層などと対象者も限られ，一般観光客は期間も限定されているため普及は限定的である．ポジティブ・オフが普及し事業主の理解があれば，30〜40歳代の家族も新しいツーリズムに参画できる可能性は考えられる．併せてツーリズムの醍醐味でもある地元の生産者や住民との交流を通じた新たな食の発掘も期待できる．

マクドナルド出店計画阻止が大きなきっかけとなって，イタリア・ピエモンテ州ブラでは，カルロ・ペトリーニが提唱したスローフード[34]（その土地の伝統的食材や調理方法について世代間を超えて継承していく）運動は，30年間かけて全イタリアへ拡がった実績がある．EU諸国の中，イタリア，フランス，ドイツ，オランダ，ベルギー，英国，スペインなどでは，子供時代から最低2〜3週間のバカンスを両親と共に体験し，その結果大人になっても子供時代に食した味覚，臭い，調理方法などが記憶に残り，世代間継承へと繋がっている事例が多々見られた．ポジティブ・オフのねらいの1つである生活の豊かさを育むことは，日本の家庭が抱える食の課題解決の一助となるかもしれない．

おわりに——食文化とツーリズムの関係性の課題と方向性

本章では，食文化とツーリズムの関係性と概念の整理を行い，インバウンド・ツーリズムの特徴とドメスティック・ツーリズムの概要を取りまとめた．多くの旅行者にとって，旅行先での飲食は2番手以降の優先順位づけになるものの，旅行先で食事は必ず取る．ビジネス・観光の目的は問わず，食に何らかの関心度合いがあれば，食は旅行にインパクトを与えることができる．

その最大のメリットは地元でしか食することのできない食材，調理方法，食する作法，文化・歴史などを学べると同時に，地元の人たちとの交流である．レストランでスタッフと話をするのか，お客同士で会話をするのか，あるいは売場，生産者，ツアーガイド，ホテルスタッフ，一般市民などその相手は様々である．つまり，第1の課題に対して，本物を食することでツーリストは多くのことを会得し，体験する．多くの海外旅行者は似て非なる和食を母国で食べていたことを実感するであろう．外国旅行者が日本で最も印象に残ったことは，言葉の壁はあったとしても，地方の人の優しさと会話を通しての触れ合い（コミュニケーション）にあるという結果が出ている．母国に戻り地元の和食を食べることで，現地適合化の和食であることも十分理解できるであろう．食文化は土地の気候をはじめ生産，流通，小売・飲食店，リサイクルまで含め，その食べ方，提供方法，習慣，催事等広範囲な概念としてとらえているように，同じ和食でも土俵に載る前提条件は異なっているということである．

　訪日経験が増えれば，和食に対する知識と経験も深くなり，日常体験を重視する傾向が強くなる．つまり，日本人と変わらぬ嗜好を持つ旅行者も少なからず存在する．他方，韓国，台湾，中国，香港以外の東南アジア諸国の旅行者が増加する傾向にある．特に，2億3000万人を超え世界第4位の人口規模であるインドネシアやマレーシア諸国のイスラム教徒観光客が渡航しやすい礼拝施設やハラル料理の充実も求められる．

　第2の課題は家庭内の食生活である．食の外部化は1人世帯の高齢者が増加するため今後とも増加していく．ここで一番の対象者は小さな子供をかかえる母親への啓蒙である．ポジティブ・オフ的な長期休暇が取れるとすれば，両親と子供たちによるエコツーリズムやグリーンツーリズムは少なからず家族にインパクトをもたらす可能性が高い．しかし，ハレの世界からケの世界に戻った折，どの程度残存効果が残っているかは定かではない．仮に，毎年農家や自然環境の中で過ごす経験回数を積めば，食生活が改善される余地も残されていると推測する．食育に代表される啓蒙活動と実践，子供たちを育てる母親の自覚こそが頼りになると言えよう．

本章のように幅広くとらえることにより焦点が逆に絞りきれていないという課題もある．加えて，ツーリズムと飲食を同時に分析した統計は非常に限られているため，両方を包含した統計が見つけにくいという課題もある．

最後に，食文化とツーリズムの関係から，今後の課題を列挙した．

① 限られた資源と限られた人材で提供できる本物のサービスには限りがある．一時的なブームによって需要と供給のバランスを保つことができなくなり，マイナスのイメージが創られる危険を孕んでいる．

② 長期的視野に立った本物志向の地元食ブランドづくりとそれを育てる人材育成のプロセスデザイン構築．

③ 生産体制，流通ネットワーク，販売ネットワークを確立した地産地消のシステム作り．

以上，3点の課題はあるが，旅行動機に求められることは，「食する」，「訪問」，「交流する」といった3つの欲求に見合う価値体験が重要になる．さらに，旅人がその土地へ長期滞在を希望する，究極的には移り住みたいと考える人が増えていけば，更なる地域活性化への手がかりとなり地域貢献への可能性をも秘めていると言えよう．

1）『日本経済新聞』，2014年1月9日．
2）日本政府観光局『Press Release 訪日外客数2014年9月推計値』2014年10月22日．
3）農林水産省（http://www.maff.go.jp/j/keikaku/syokubunka/ich/ 2014年8月10日アクセス）．
4）石毛直道『石毛直道食の文化を語る』ドメス出版，13ページ．
5）江原絢子・石川尚子編『日本の食文化・その伝承と食の教育』アイ・ケイ・コーポレーション，2009年，3ページ．
6）江原・石川 前掲書，3ページ．
7）岡田哲『明治洋食事始め』講談社学術文庫，2012年，150-184ページ．
8）Nakagawa, Koichi, "Prewar Tourism Promotion by Japanese Government Railways" *Japan Railway & Transport Review*, No. 15, March 1998, pp.22-27.
9）寺前秀一編『観光学全集第9巻観光政策論』原書房，5-7ページ．
10）昭和38年旧観光基本法 前文．

第 5 章 食文化とインターナル・ツーリズムの関係性 115

11) 平成 19 年観光立国推進基本法 前文.

12) 期間は日帰りから 1 年未満が対象である. 原文の定義は下記の通りである. The activities of no-resident visitors in a given area that is outside their usual environment for not more than one consecutive year for leisure, business and other purposes.

13) Hall, C.M., Sharples, L., Michell, R., Macionis, N., and Cambourne, B., *Food Tourism: Around the World. Oxford:* Elsevier, 2003, p.9.

14) 農林水産省英文「和食」紹介リーフレット (http://www.maff.go.jp/j/keikaku/syokubunka/ich/pdf/leaflet_e2ok.pdf 2014 年 7 月 10 日アクセス).

15) 日経ビジネス「爆発する日本食経済圏」『日経ビジネス』2013 年 7 月 15 日, 28 ページ.

16) Yo! Sushi HP (http://www.yosushi.com/about 2014 年 7 月 20 日アクセス).

17) 日本食レストラン海外普及推進機構 (http://jronet.org/about.html# 2014 年 9 月 30 日アクセス).

18) 農林水産省英文「和食」紹介リーフレット.

19) 農林水産省「わが国の食生活と食育推進について」(http://www.maff.go.jp/j/syokuiku/ 2014 年 9 月 30 日アクセス).

20) 農林水産省, 前掲書.

21) 岩村暢子『変わる家族変わる食卓』中公文庫, 2009 年, 73, 109, 218 ページ. アンケート調査は 2002 年に実施された. 2014 年現在に置き換えると, 55 歳以上と 45 歳前後以下の主婦に個人差を超えた違いが見られるようになる. 45 歳以下の主婦は食材や調理に関する知識が少なくなる.

22) NHK 放送文化研究所『崩食と放食 NHK 日本人の食生活調査から』2006 年, 4-5 ページ.

23) UNWTO. *Recommendations on Tourism Statistics.* New York: 1994, p.5.

24) 『観光白書平成 26 年度版』要約版.

25) 農林水産省「農山漁村の郷土料理百選」(http://www.rdpc.or.jp/kyoudoryouri100/ 2014 年 10 月 10 日アクセス).

26) B1 グランプリ (http://b-1grandprix.com/%ef%bd%82-%ef%bc%91%e3%82%b0%e3%83%a9%e3%83%b3%e3%83%97%e3%83%aa%e3%81%a8%e3%81%af/ 2014 年 10 月 30 日アクセス).

27) 神奈川コミュニティサイト (http://news.kanaloco.jp/localnews/article/1011070021/ 2010 年 10 月 21 日アクセス).

28) 農林水産省『農産物地産地消等実態調査 (平成 21 年度結果)』平成 23 年 7 月発表.

29) 国土交通省道の駅案内 (http://www.mlit.go.jp/road/Michi-no-Eki/index.html

2014 年 11 月 25 日アクセス）．

30）観光庁「旅行・観光消費動向調査」2013 年の数値は暫定値．

31）厚生労働省「就労条件総合調査」2013 年．

32）Positive Off（http://www.mlit.go.jp/kankocho/positive-off/index.html　2014 年 8 月 25 日アクセス）．

33）農林水産省が提唱するグリーンツーリズムや国土交通省が提唱するエコツーリズムは Rural Tourism で包含された考え方と言える．先進国の Rural Tourism は郊外（農村部も含む）地域を対象としてリラックスできる自然環境と宿泊施設を持つ滞在型である．農村部に絞り込んだコンセプトが Agricultural tourism である．その延長に wine tourism も含まれる．グリーンツーリズムは和製英語であるため，海外では通用しない．

34）カルロ・ペトリーニ『イタリア流・もっと「食」を愉しむ術　スローフード・バイブル』日本放送出版協会，2002 年．

参 考 文 献

石毛直道『石毛直道食の文化を語る』，ドメス出版

岩村暢子『変わる家族変わる食卓』，中公文庫，2009 年

江原絢子・石川尚子編『日本の食文化：その伝承と食の教育』，アイ・ケイ・コーポレーション，2009 年

NHK 放送文化研究所『崩食と放食　NHK 日本人の食生活調査から』，2006 年

岡田哲『明治洋食事始め』，講談社学術文庫，2012 年

尾家建生「フードツーリズムについての考察」，『観光 & ツーリズム』No.15，2010 年，23-34 ページ

神奈川コミュニティサイト（http://news.kanaloco.jp/localnews/article/1011070021/ 2010 年 10 月 21 日アクセス）

カルロ・ペトリーニ『イタリア流・もっと「食」を愉しむ術　スローフード・バイブル』日本放送出版協会，2002 年

観光庁「旅行・観光消費動向調査」2013 年

桐山秀樹・中村正人・三田村蕗子・山崎徹・李策・渡辺千鶴『観光資源国ニッポン』，洋泉社，2011 年

厚生労働省「就労条件総合調査」2015 年

国土交通省『観光白書平成 25 年度』，2013 年

国土交通省『観光白書平成 26 年度版』要約版，2014 年

国土交通省道の駅案内（http://www.mlit.go.jp/road/Michi-no-Eki/index.html　2014 年 11 月 25 日アクセス）

佐竹真一「ツーリズムと観光の定義」大阪観光大学（http://library.tourism.ac.jp/
no.10SinichiSatake.pdf　2014 年 9 月 30 日アクセス）

佐原秋生「食の楽しみと観光の役割」『日本観光学会誌』42，2003 年，24-32 ページ

JTB 総合研究所「スマートフォンの利用と旅行消費に関する調査」『News Release』
第 14 号，2013 年 10 月 10 日（http://www.tourism.jp/wp/wp-content/uploads/2013/
10/research_131010_smartphone.pdf　2014 年 9 月 30 日アクセス）

鈴木勝「食文化を活用した国際ツーリズム振興」，『大阪観光大学紀要』7，2007 年，
15-23 ページ

高橋一夫編『旅行業の扉』，碩学舎，2013 年

田村正紀『旅の根源史』，千倉書房，2013 年

丹治朋子「観光における食の役割」，『季刊観光』491，2008 年，18-21 ページ

東洋経済「貧食の時代：崩れるニッポンの食」，『週刊東洋経済』9 月 8 日，2012 年，
34-77 ページ

日経ビジネス「爆発する日本食経済圏」，『日経ビジネス』7 月 15 日，2013 年，26-
36 ページ

『日本経済新聞』，2014 年 1 月 9 日

日本政府観光局「訪日旅行市場の基礎データと市場動向トピックス」（http://www.
jnto.go.jp/jpn/reference/tourism_data/basic.html　2014 年 9 月 2 日アクセス）

日本政府観光局『Press　Release　訪日外客数 2014 年 9 月推計値』，（2014 年 10 月
22 日アクセス）

日本食レストラン海外普及推進機構（http://jronet.org/about.html#　2014 年 9 月 30
日アクセス）

日本村落研究学会編『グリーンツーリズムの新展開　農村再生戦略としての都市・
農村交流の課題』，農村漁村文化協会，2008 年

農林水産省「グリーンツーリズムとは」（http://www.maff.go.jp/j/nousin/kouryu/
kyose_tairyu/k_gt/index.html　2010 年 5 月 8 日アクセス）

農林水産省『農産物地産地消等実態調査（平成 21 年度結果）』，2011 年 7 月発表

農林水産省（http://www.maff.go.jp/j/keikaku/syokubunka/ich/2014 年 8 月 10 日ア
クセス），日本生産性本部『レジャー白書 2014』，日本生産性本部，2014 年

農林水産省「わが国の食生活と食育推進について」（http://www.maff.go.jp/j/syokui-
ku/　2014 年 9 月 30 日アクセス）

農林水産省「農山漁村の郷土料理百選」（http://www.rdpc.or.jp/kyoudoryouri100/
2014 年 10 月 10 日アクセス）要約版（http://activity.jpc-net.jp/detail/srv/activi-
ty001414/attached.pdf　2014 年 9 月 2 日アクセス）

農林水産省英文「和食」紹介リーフレット（http://www.maff.go.jp/j/keikaku/syoku
bunka/ich/pdf/leaflet_e2ok.pdf　2014 年 7 月 10 日アクセス）

原田信男『和食と日本文化：日本料理の社会史』，小学館，2005年

B1グランプリ（http://b-1grandprix.com/%ef%bd%82-%ef%bc%91%e3%82%b0%e3%83%a9%e3%83%b3%e3%83%97%e3%83%aa%e3%81%a8%e3%81%af/　2014年10月30日アクセス）

ピット，ジャン＝ロベール『ワインの世界史』，原書房，2012年

藤田武弘「地域食材の優位性を活かした滞在型グリーンツーリズムの課題」，『和歌山大学観光学部設置記念論集』，2009年，237-262ページ

Positive Off（http://www.mlit.go.jp/kankocho/positive-off/index.html　2014年8月25日アクセス）

三田育雄「観光の食を考える」，『月刊観光』401，2000年，31-34ページ

安田亘宏『食旅と観光まちづくり』，学芸出版社，2010年

安田亘宏『フードツーリズム論』，古今書院，2013年

山口誠『ニッポンの海外旅行　若者と観光メディアの50年史』，ちくま新書，2010年

Boniface, Priscilla, *Tasting Tourism: Travelling for Food and Drinking*, Aldershot, Ashgate, 2003

Hall, C. M., Sharples, L., Michell, R., Macionis, N. and Cambourne, B., *Food Tourism: Around the World*, Oxford: Elsevier, 2003

Hjalager, Anne-Mette and Richards, Greg. Ed, *Tourism and Gastronomy*, London: Routledge, 2002

McKercher, B., Okumus, F. and Okumus, B., "Food Tourism as a Viable Market Segment: It's All How You Cook the Numbers," *Journal & Travel Tourism Marketing*. 25(2): 137-148, 2008

Nakagawa, Koichi, "Prewar Tourism Promotion by Japanese Government Railways" *Japan Railway & Transport Review*, No. 15, March 1998, pp.22-27

Pikkemaat, B., Peters, M., Boksberger, P. & Secco, M. "The Staging of Experiences in Wine Tourism," *Journal of Hospitality Marketing & Management*. 18: 237-253, 2009

UNWTO World Tourism Barometer Vol. 12, April（2014）（http://dtxtq4w60xqpw.cloudfront.net/sites/all/files/pdf/unwto_barom14_02_apr_excerpt_0.pdf 2014年9月2日アクセス）

UNWTO, *Tourism Highlights 2014 edition*, WTO. 2014（http://www.unwto.org/facts/menu.html　2014年9月2日アクセス）

World Tourism Organization, *OECD Studies on Tourism. Food and the Tourism Experience 2012: The OECD-Korea Workshop*. *WTO* 2012（http://www.keepeek.com/Digital-Asset-Management/oecd/industry-and-services/food-and-the-tourismexperience_9789264171923-en#page1 2013 年 9 月 2 日アクセス）

Yo! Sushi HP（http://www.yosushi.com/about 2014 年 7 月 20 日アクセス）

第6章　拡張する食品の品質概念と食関連企業の調達行動[1]

は じ め に

　食品流通のグローバル化が急速に進展している．これに伴い，グローバル化する食品市場における国・地域別の食品供給の国際競争力を検討する必要性が高まっている．しかしながら，国際競争力の概念について，必ずしも合意された明確な理解があるわけではない．羅・牧野［2005］が指摘するように，国際競争力は，価格競争力と品質競争力の2つの側面から捉えられ，さらに，商品の品質については同一であるとの前提をおき，価格のみを対象に分析することが一般的であった．品質要因を捨象することで，数量的な比較分析が容易になるからである．

　こうして品質問題は，過去の国際競争力に関する経済分析において，十分に光が当てられることはなかった．もっとも現実には，同一と区分される商品であっても個々の商品に品質差が存在することは少なくない．むしろ，常態というべきであろう．さらに重要なのは，現代市場において，品質は単なる違い・ばらつきという範囲を超えて，製品差別化という明確な戦略手段の1つとして位置づけられるにいたっていることである．グローバル化する市場における国際競争力を分析するとき，品質要因に関する，より立ち入った考察が求められている．

　日本の食品は，一般に，海外産との比較において「価格劣位・品質優位」のポジションを占める，との見方が有力であった．だが，果たして，日本の食品や農産物に対する「品質優位」論は広く妥当する理解なのであろうか．これ

は，国産食品に対する日本の消費者の一種の品質神話ともいうべき主観的評価が根強いことがその背景にあるのではないか．この論点について客観的な検討を加えることは，今日，グローバル化の傾向をより一層，強める食品市場において，日本の農業生産者や食関連企業が歩むべき途を考えるにあたって，きわめて重要な課題となっている．

　にもかかわらず，残念なことに，理論研究の状況をみると，食品市場における品質問題への経済学的アプローチはきわめて未熟な段階にとどまっている．その原因は品質を社会科学的に扱うことが決して容易ではないことにある．つまり，分析の対象となる品質概念そのものが価格以外の実に多様かつ異質な要素を含むものだからである．

　本章では，品質に関する理論的研究が遅れている研究状況を念頭に，まず，現代経済社会においてますます多面化する広義の品質概念に関する理論的な考察を行い，その上で，スーパーや外食・中食企業などの食関連企業が選択する食品調達行動を対象に具体的な品質要因について実証分析を行うものである．

1．品質競争力をどう捉えるか

　品質問題を考えるにあたり，競争力の重要な2つのファクターとされる価格と品質の経済的性格の違いを確認することからはじめよう．

　市場経済システムにおいて，価格こそが取引・流通を媒介し，かつそれらを誘導するもっとも基本的で指標となる要素である．価格は，商品価値の抽象的で統一的な表現形態として，国内市場はもとより，それを超えた国際市場においても各国通貨の交換レートを通して，共通の統一的表現に還元されうる．これに対し，品質はどうか．使用価値や有用効果と表現されてきた品質概念は，本来的に，商品経済社会を超える歴史的な概念であり，地域的で多面的な具体的内容をもつものである．加えて，市場空間が局地的市場から全国市場へ，さらに国際的市場へと拡大すればするほど，価格が制度面を基礎に空間を超えた共通化を強く指向する一方で，品質の具体的内容はますます多様化の様相を呈

することになる．したがって，空間的に拡張する市場を分析対象とするとき，品質要因については，価格と同様に共通の指標を適用することができない場合が少なくないことが認識されなければならない．

　佐々木［2007］は，小宮ら［1972］を引用しながら，国際化する市場の特徴について，こう述べている．「世界市場が不完全競争市場となる深い基礎は，今日の国際経済学では『経済諸制度・経済政策等の多くが国民経済を単位として行われること』や『制度や政策のみならず，言語・習慣・文化等の社会環境が国ごとに異なっている』ことに求められる．この内の『社会環境』は，制度学派が言う意味での『制度』，つまり慣習，掟などを含む広い意味での制度に他ならない．」（24 ページ）．この指摘は，消費財市場とりわけ食品市場について，よく当てはまるものである．例えば，最近，注目されつつある食品のハラル認証への対応の必要性は，品質において文化的基盤の与える影響がいかに大きいかを示すものである．

　食品市場は，供給面では，国や地域で発展してきた農業などの生産力に規定されつつ，需要面では，それに応じて形成されてきた食生活慣習や制度などを背景とする食料消費を結びつけるかたちで，地域別の多様性をもって形成されてきた．その結果，食品市場は，多様な品質概念を基礎に成立する不完全競争市場の典型という性格を強くもつことになる．この点は，国際市場のみならず，一国内市場にかぎってみても変わるものではない．

　たしかに，全国市場化やフォーディズムの広がり，さらに巨大アグリビジネスの国際的な躍進により食品流通のグローバル化が進展し，食の標準化・画一化は国境を越えて進むかのような様相を呈する（木立［2001］）．とはいえ，地域食品に対する根強い支持や伝統食の見直しなど食の多様性を維持し保存しようとする一種の社会の「自己保存」に向けた行動は広汎にみられ，食の画一化傾向が一面的に進行しているわけではない（Gottlieb et al.［2010］；美土路［2013］）．高柳［2006；2010］が指摘するように，「農産物や食品の品質は，極めて複雑な構造をもっている」ことに変わりはない．重要な点は，後述するように，現代市場においては，その多様性をさらに強める様々なアクターの行動要因が広範

に存在するという点である．こうして，食品市場は製品差別化が強く認められる不完全市場としての特徴をより色濃くもつ傾向を示すことが指摘できる．とくに，品質の複雑性・多様性に起因する食品市場の不完全性を，完全市場からの乖離という否定的な状態としてではなく，むしろ健全な状態（西部［1998］）であると捉える視座が欠かせないという点には十分な留意が必要である[2]．

　商品学研究の権威である河野［1984］がかつて主張したように，商品の品質について物的・理化学的性質のみを捉えるだけでは社会科学の分析たりえないことは，すでに明らかである[3]．とくに現代の消費社会・市場では，商品・サービスをめぐる狭義の品質だけではなく，広義の拡張された品質概念を措定した分析が要請されている．品質要素の変遷は，やや鳥瞰的な視角からみると，次のように整理できる．

　まず①20世紀前的な古典的な意味での使用価値的品質である．これを基本としつつも，②20世紀以降はマーケティングの展開とともに広がりをみせてきた消費者の主観的評価を介したブランドなどのイメージ的・記号的品質が重要性を高めることとなった．さらに，③20世紀末にはICTやインターネットの技術革新を基礎に，消費者にとっての商品入手の利便性や短リードタイムでの配送といった物流・サービス品質が重要視されるようになり，加えて，④21世紀を迎え労働者福祉や環境・景観の保護などの倫理的配慮を伴った生産や流通を基盤とする商品であるという社会品質が注目されるにいたっている．

　食品の品質概念も，財としての基礎をなす使用価値的品質に加えて，記号的品質，サービス品質，さらには社会的品質へと拡張する傾向を示してきた．問題は，こうした多面化が，どのようにして生み出されてきたのかにある．品質は，本来，物的には商品そのものの属性として，そのときどきの生産力段階や技術水準に規定されるものである．この本源的な規定性は変わることはない．しかしながら，供給不足の時代から供給過剰の時代へと移行することを契機に，食品の品質は生産力によって基礎づけられつつも，消費者のニーズなどの主観的要素によって規定される領域が拡大してきている．さらに，食品の安全性などの本来，客観的であるべき品質評価さえも，生産者と消費者だけでなく，流

通業者やマスメディア，政府など様々なアクターが関与するかたちで形成されている．品質がいわば「社会的関係によって構築され」（高柳［2010］，6ページ）るステージにいたっている．それゆえ現代の品質問題は使用価値を超えた複眼的な視座からの分析が求められているのである．

2．品質要因からみた食関連企業の生鮮食品調達行動

(1) 分析の対象・方法とその限定

前節で考察した広義の品質概念を念頭におきつつ，以下では，食品市場に登場するアクターのうち，食品の買い手・ユーザーである食関連企業の輸入調達行動の分析を通して，輸入食品と国産食品の品質競争力の比較優位について探索的に明らかにしたい．分析の対象については次のような限定を行う．

第1に，ここでは，食品といっても，加工食品は除外し，生鮮食品を対象とする．その理由はこうである．加工食品の国際市場への投入のステップは，当初，国産品の輸出マーケティングからスタートし，続いて現地生産に移行する．この段階では，すでに生産国が国内か海外かという違いはほとんど意味をもたないことが多い[4]．メーカーは製造拠点の効率性と販売市場への適合性の観点に立った最適配置を追求するにいたっているからである．これに対し，生鮮食品とくに農産物の場合，事情は大きく異なる．生産される土地の生産力ないし地域の自然力によって農産物の品質が大きく左右されるからである．生産された土地がどこか，例えば海外なのか，国内なのか，さらにはどの地域なのか，といった点が品質を決定づける要因としてきわめて重要な意味をもつ．地域ブランドや地理的表示制度が注目される理由もここにある．

第2に，様々な品質の要素のすべてを網羅的に検討するだけの準備はない．以下では，食品にとって必須な要件として注目されてきている安全性，物流品質ないし供給のサービス品質，付加価値，に注目して考察を行いたい．それは，これら3つの品質水準が食関連企業の生鮮食品調達行動の意思決定に与える影響の度合いがきわめて高いと考えられるからである．付け加えると，その際，

現実の食関連企業の輸入品調達行動を対象とするかぎり，品質のみならず，価格や数量の問題も含めて，言及することになる[5]．

(2) 改善される中国産野菜の安全性——安全性問題の発生と品質管理対策の展開

1980年代半ば以降，急増してきた輸入野菜の調達は，2000年初頭になると，新たな段階に入っていった．小売業界誌による次の指摘は，生鮮食品流通のグローバル化を明確に喧伝するものであった．「世界の産地からの良質で安価な商品の開発輸入は，加工食品の価格競争とは別次元とみられてきた生鮮食品にも及ぶ」（『激流』2001年10月号）と．そこでは輸入品の「価格優位・品質優位」がア・プリオリに想定されていたのである．だが実際には，その後の展開は，野菜のグローバル調達行動が全面的に広がっていったわけではなく，複雑な展開をみせることとなった．

中国野菜の安全性問題が発生する前後の小売企業の対応とその後の中国における品質管理体制の展開を辿ってみよう．2000年前後には，大手スーパーや共同仕入機構による中国生鮮野菜を調達する，いわゆる開発輸入型の取り組みが本格化した．国産との品質同等性の確保を目指し，日本から現地に品種を持ち込み，有機農法の専門家を契約社員として派遣し生産方法の技術指導などが行われた．従来のように，商社に全面的に依存するのではなく，大手小売業者が中心的なアクターとなってサプライチェーンを組織化する点で，小売主導型のサプライチェーンの国境を越えた拡張として注目すべきものであった．

しかし，2002年の中国産の生鮮および冷凍野菜の残留農薬問題の発生は大きな転換点となった．短期的には，ほぼすべての小売企業で中国産野菜の取扱いの中止を余儀なくされた．この小売側の意思決定に無視できない影響を及ぼしたのは，外部のアクターの行動であった．安全性への懸念を強めた日本の消費者の声や買い控え行動，さらにはこれを促したマスメディアの報道であった．つまり，小売企業における中国野菜の調達の停止や品揃えからの排除という行動は，みずからが取り扱っている商品が客観的に安全に問題があると判断した

からでは決してなかったのである．そうではなく，顧客である消費者や社会の安全性への主観的な懸念を受けてのことであった点を確認しておきたい．

　その後，中長期的にみると，これらの一連の出来事を契機に，中国において様々なレベルでの安全性の確保対策の強化が進められていくこととなった．坂爪ら［2006］によれば，冷凍野菜の供給体制は，残留農薬事件が発生して以降，集荷段階をはじめとする原料野菜の品質管理の徹底が図られた．菊池［2008］によると，中国政府レベルでの安全性を確保するための法律や規制が整備され，主要産地では地方政府による，より一層厳しい安全性管理対策が追加的に導入されていった．最近では，生産者，合作社，加工業者，輸出業者，地方政府や中央政府など多様なアクターによって，農薬管理の徹底から検査体制の整備，法的な規制の強化など，安全性を中心とする品質管理のための多面的な取り組みが着実に進展してきている（神田・大島［2013］）．

　このように，研究者による最近の実証分析からは，中国における冷凍野菜や，その原料となる生鮮野菜の安全性確保に向けての取り組みが事業者と政府の双方で着実に進展している実態が浮かび上がってくる．しかしながら，筆者が実施した日本側の実務家に対する複数のインタビュー調査では，中国産農産物について，書類や認証などの形式的な要件が整っているというだけでは，十分な安全性の担保にはならないとの懐疑的な指摘が数多く聞かれた．かりに，GAP認証を取得しているとしても，中国での実際上の工程管理と生産物の品質レベルを日本のそれと同一視することはできないという．要するに，日本側の実務家レベルの認識では，中国産野菜の安全性に対する懸念はいまだ払拭されるにはいたっていないのである．さらに興味深いのは，実務家からの次のような指摘である．日本側の担当者が現地において産地点検を実施する主眼は，現地で点検リストに基づくチェックを行うことそのものよりも，むしろ取引先相手が信頼するに足る人・組織であるのかを確認することにあるという[6]．つまり，農産物の安全性を確保する方法の最終的な要点は，取引を行う組織間において信頼に足る関係性をいかに確保，構築するのかにある，ということなのである．

大手外食企業では次のような調達戦略の展開がみられる．近年，日本の大手
食関連企業の多くが国内市場の飽和化を踏まえて，アジアを中心に海外事業の
展開に注力する動きをみせる．海外店舗の展開にあたり，安全性を含め日本国
内と同一の品質レベルの食を提供するためには，何よりもまず，現地で安全か
つ高品質の食材を調達することが大前提となる．大手外食チェーンＡ社では，
野菜の現地調達を香港系やシンガポール系の専門業者に委託する方式を採って
いる．組織内部の経営資源のみでは，海外における食材の安全性確保の徹底は
容易ではないとの判断がある．その上で，安全性を含む品質管理については，
現地でのネットワークをもち生産者との頻繁かつ濃密なコミュニケーション力
を備える第３者のアクターにアウトソーシングし，複数のネットワークの連携
により実現しようとしているのである．

以上のことから，広く中国野菜の安全性に問題があるという見方がやや一面
的にすぎるということは明らかであろう．第１に，現時点における中国野菜生
産の安全性水準には，全体と部分との二重構造があるといえる．平均的な生産
水準の安全性確保レベルがいまだ低位にとどまる一方，日本とほぼ同等の安全
な野菜生産が部分的ながらも着実に成立しつつある．前者が在来型の現地市場
セグメントに対応するのに対し，後者は，チェーン企業などのシステム産業が
主導する新しい市場セグメントに応えるものとして徐々に，しかし着実に拡大
しつつある．第２に，安全な食材確保のサプライチェーンを構築するにあたっ
て，現地パートナーが決定的に重要な役割を果たしているということである．

(3) 輸入による価格メリットの縮小——輸入野菜の価格上昇傾向
輸入野菜の調達行動は，同じ食関連企業のなかでも，小売・中食・外食などの
業種による違いが大きい．中食・外食企業では，加熱などの調理過程が入るこ
とから冷凍品を含め輸入食材を利用する余地が一般的には大きくなる．とりわ
け，低価格訴求型の企業では輸入ないし冷凍食材への依存度は大幅に高まる[7]．
これに対し，野菜を通常，加工することなく消費者に販売するスーパーなどの
小売企業にとっては，安全性や外観などの品質要因がはるかに重要視されるこ

とになる．このような場合には，いきおい国産品の調達が最優先となる．

　同一品目で国産品の供給があるにもかかわらず，食関連企業が輸入品の調達を選択するのは次のような場合である．① 需要に対し国産の供給数量が絶対的に不足している，② 国産供給が季節的で，周年供給ができない時期が存在する，③ 国産品との対比で輸入品の価格優位性が明白である，の3点である．

　最後の第3の点についていえば，よほど明確な価格優位性がない限り，不安定な要素がつきまとう．輸入品の価格メリットは国内の豊凶による国産品の価格変動に大きく左右されざるをえないからである．輸入量は国産野菜が高騰する局面では急増する一方，国産野菜が平常時に戻ると激減する現象がみられる．とくに，円安局面になると，輸入品価格が実質的に上昇するため，国産価格の相対的下落による逆ザヤが生じるリスクが高まる．

　こうした短期的要因に加え，注視すべきは長期的要因である．長期のトレンドとしては，中国産の価格優位性は，沿岸部と内陸部とで地域内の格差を伴いつつも，徐々に縮小しつつある．米の場合，2000年代初頭に約20分の1といわれた中国産の米の価格は，最近では日本産より30％程度ほどの価格差しかなくなっているという．野菜では，中国産と国産とでもっとも価格差が大きいのはニンニクであるが，タマネギなどの品目では大きな価格差が認められない．そのことは，東京都卸売市場における入荷・取引状況を整理した表1に示すとおりである．中国における不作などの短期的な要因による部分がないわけではないが，賃金をはじめとする中国での生産コストの上昇トレンドがその基本的

表1　東京都卸売市場における中国産輸入野菜の国産に対する位置（2013年度）

品目	価格差 （国産価格対比）	国内入荷数量 （国内最大産地と の対比）	国内最大産地	供給特性
ニンニク	約5分の1	約2分の1	青森県	価格帯で棲み分け状態
ネギ	約3分の1	約5分の1	茨城県	数量は多くないが，周年供給
キャベツ	約3分の1	少量	愛知県	数量はわずかで，季節的
タマネギ	約8割	約3分の1	北海道	量は多くないが，周年的

　（出所）東京都の卸売市場資料より筆者整理．

要因となっている．経済発展の著しいアジアからの低価格追求の国際調達モデルが長期的には成立しえない状況が生じていることがわかる．

ここで指摘しておくべき論点として，世界の食市場における，いわゆる日本の「買い負け」現象がある．長期に及ぶデフレを経験してきた日本市場は，品質要求は厳しい反面，低価格ニーズが強く，輸出国業者にとって，徐々に魅力ある輸出先ではなくなりつつある．一例を挙げると中国から輸出するタマネギの製品率は，韓国向けが約7割であるのに対し，日本向けは約3割にとどまっている[8]．日本市場が外観や形状などの品質基準から外れる規格品を受け入れていないからである．その結果，中国の野菜の輸出先として，日本以外のアジアや欧米諸国の割合が高まりつつある．

日本の消費者の国産に対する「安全・安心」という主観的品質評価は根強い．食品市場における重要なアクターのこうした評価がある限り，日本の小売企業にとっては，安全性に消費者が懸念を表明する輸入野菜を調達したり，国外産地の開発にみずからの経営資源を投入する行動は選択されえないことになる．現状では，食品小売企業における輸入野菜の取り扱い比率は，ディスカウントストアなど低価格訴求業態では高まるものの，平均的なスーパーでは年間ベースでは5〜10数％にとどまっている．もっとも，野菜が国産を中心に品揃えがなされている唯一の生鮮カテゴリーである点は十分留意されねばならない．食関連企業が輸入品を欠いては十分な調達ができない生鮮食品のカテゴリーは着実に増えてきている．水産物では輸入品を除いた品揃えは考えられないし，食肉や果実もそうである．今後，日本市場の「買い負け」現象がより一層，強まっていくならば，日本の調達主体は過剰品質を含む品質要求水準の見直しを迫られていくことが考えられる．

（4）物流・サービス品質の劣位性──輸入供給の長いリードタイムと非弾力性

中国では高速道路をはじめとする国内の物流インフラの整備が急速に進展し，また国際物流ではリーファ・コンテナの普及，そしてサードパーティ企業の関与が進み，日本市場に向けて国産と遜色ない物流品質のサプライチェーン

を構築することが可能になっている．インフラ整備や技術革新により，生鮮性という商品特性が制約条件となって輸入調達ができないという状況にはすでにない．だが，輸入農産物や輸入食材の開発に積極的に取り組んできたのは大手チェーン企業に限定され，さらにその大手チェーンにとっても輸入調達にはいくつかの制約条件を抱え込まざるをえない．

　前述のように，大手スーパーや小売共同仕入機構では2000年前後から大量販売力を基礎に中国生鮮野菜の調達・供給を開始したのであるが，その後，十分な広がりを見せなかった．その理由として，消費者の「安心」に対する懸念とともに重要だったのは次の点である．約1週間とリードタイムが長く，コンテナ利用のため配送ロットが大きくなり，大量一括発注の投機型の調達とならざるをえない．図1は，最近，注目されつつある南アフリカから果実を調達する場合に要する流通時間の長さを示している．こうしたサプライチェーンの特質からは，各社・各店舗への供給が末端の店舗からの受注型ではなく，むしろ本部からの送り込み型となる．個々のスーパーや店舗にとって，店頭での低価格訴求のメリットはあっても，消費者のニーズや購買動向に即した柔軟な品揃え形成の実現と矛盾するという問題を抱え込むこととなる[9]．

　生鮮食品ではないが，大手外食チェーンＡ社による食材の海外調達におい

図1　南アフリカから日本への果実輸入の例

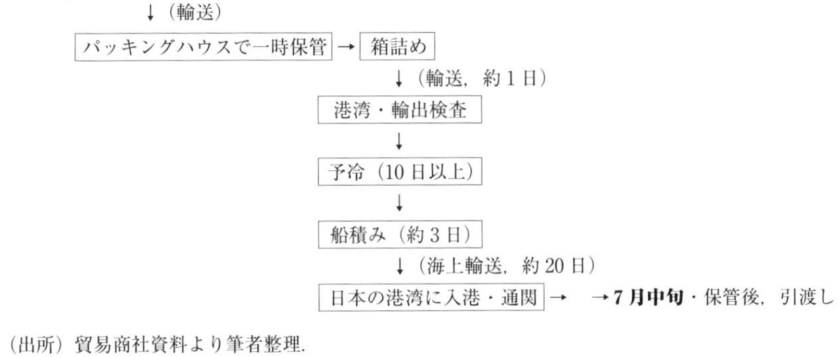

5月下旬・ 農場で収穫
　　　　　　↓（輸送）
　　パッキングハウスで一時保管 → 箱詰め
　　　　　　　　　　↓（輸送，約1日）
　　　　　港湾・輸出検査
　　　　　　　　　↓
　　　　予冷（10日以上）
　　　　　　　　↓
　　　　船積み（約3日）
　　　　　　　↓（海上輸送，約20日）
　　日本の港湾に入港・通関 →　→**7月中旬**・保管後，引渡し

（出所）貿易商社資料より筆者整理．

ても，そのメリットとともにデメリットが指摘できる．同社は，安全・安心で高品質な食材を安価に調達できるオーストラリアで加工度の高い食材を製造し，日本に冷凍食材として供給する高度なサプライチェーンを構築している．とはいえ，この輸入品調達には，船便での長いリードタイムという問題に加え，冷凍品による食味の相対的劣化という弱点がある．加えて，為替変動の動き次第では，円安時の価格リスクに直面することになる．

　これらの事実から次のことが指摘できる．不確実性を強める消費市場においてICTを活用する現代的なチェーン企業の調達戦略は，従来型のプロダクト・アウト型の投機的行動よりもマーケット・イン型の延期的行動への転換を志向している．すなわち，数量の確定性よりも，販売量や必要量に応じた数量の弾力的供給力が重視される．輸入農産物の供給における長いリードタイムや大量の最小ロットサイズという物流特性は，現代的な川下主導型の延期的サプライチェーン・システムにとって決して適合的なものではない．野菜をはじめとする多くの農産物の比較的低位な単価からは，特定の品目や時期を除き，航空輸送の利用が全面化する事態は想定できない．情報流通の急速な高速度化に，物的流通のスピードアップが十分にキャッチアップできるわけではない．両者のギャップは拡大し，結果的に，品揃えや商品の鮮度の面で消費者の購買・入手時の不満を強める可能性が生じる．物流業者が提供する物流品質の水準に依存するのであるが，物流費用の面からは，狭域流通の優位性が高く，とくに鮮度が重要な食品の場合，物流時間の制約はより絶対的な制約要因となる．

3．食関連企業による輸入調達の新たな展開

(1) 電子調達の生鮮食品への適用可能性

　近年，大手スーパーなどの輸入調達を効率化する手段として電子調達方式が注目されている．そのもっとも先進的なグローバル調達の仕組みがリテイルリンクと，かつてのGNXとWWREが2005年に合併して発足したアジェントリクスである（川端［2012］）．アジェントリクスでは，様々な取引方式のうちリ

バース・オークションの比率が高く，低価格での商品調達に大きな効果を発揮することが期待されている．

　しかし，電子商取引で調達される食品はサーモンやエビなどの冷凍水産物が主体であり，かつ大量販売が可能な定番商品に限られている．これらは，商品特性としての保存性や標準化とともに，大量性と安定性を実現する養殖などの生産技術の革新を基盤に，比較的安定的に供給される商品にほかならない．いいかえれば，電子商取引の調達システムが有効性を発揮するのは，標準性や輸送性，大量生産方式などが実現している特定カテゴリーの商品に限られる．また，利用主体の側からみると，電子商取引は，低価格での大量販売を目指す本部集権的なチェーン小売企業にとってきわめて適合的な調達方式の1つとして位置づけられる．だが，個店ベースの品揃えの差別化を重視し分権的な調達を志向する中小チェーンや単独店にとっては，決して利用可能性の高いものとはいえない．

(2) 品質重視の新たな輸入戦略の展開

　多くのチェーン食関連企業において，食品・食材の輸入調達は，品質の標準性，大量性，価格の低位性，という3つの要素を同時に実現する目的で取り組まれてきた．なかでも，調達価格の低位性は，低価格訴求を重視する食関連企業にとって決定的な競争優位の源泉である．しかしながら，デフレ経済下にあっても，付加価値の高い食品やメニューを提供することで差別化を図ろうとする市場創造型の食関連企業も存在する（木立 [2011]）．そうした企業では，低価格の実現ではない，品質重視の新たな輸入調達戦略の展開がみられる．

　1つは，品質訴求を重視する大手外食チェーンB社は，食材確保から調理にいたる高付加価値型のステーキの高単価メニューを展開し，顧客吸引力を高めている．同社による食材の調達の特徴は次のようである．① 米国産の特別ブランドの牛肉を部位と熟成期間を限定し，② 冷凍ではなくチルドで輸入する，③ 店舗段階では，オーダーを受けてからコックが1枚ずつカットし調理する．こうした食材管理の仕組みによって，ワンランク上の食味の食の提供を実現し

ている．品質へのこだわりから，過剰な在庫をもたず，予め品切れ告知の提供
方式を採用している[10]．

　いま1つは，大手中食企業C社の取り組みである．現在の輸入野菜は，冷
凍コーンやグリーンピース，乾燥シイタケが中心であり，そして生鮮野菜の輸
入はブロッコリーに限られている．しかし，新たな輸入調達戦略として，中国
の寒冷な高原地帯の野菜産地で生産されるレタスを調達する取り組みを進めて
いる．価格面では，国産と比較し優位性はないという．だが，① 大玉で加工
歩留まりが高く，② 固めであるため食感がよい，という点を高く評価してい
る．要するに，食材調達にあたり，価格の低位性ではなく，独自の品質優位性
に着目することによって，最終的に消費者に提供する食の価値を高めることを
志向している．

　バブル崩壊後の失われた20年，日本の食市場は成長を止め，縮小を続けた．
農業を除く食関連産業の国内生産額は，1990年代後半の90兆円超をピークに
減少し，2010年度には79兆円まで減少した．食品製造業も小売・中食・外食
業もその多くは低価格戦略を採用した．食は低価格だからといって，需要の拡
大には結びつきにくく，結果的に市場の縮小が加速化した．市場を創造するた
めには，高付加価値型の戦略が求められているのである．

　食関連企業による輸入農産物・食品の調達は，従来からの低価格と大量性を
重視した取り組みが依然，主流であることは事実である．しかしながら，一方
で，部分的とはいえ，品質の差別性を重視した高付加価値型のメニューや商品
開発と結びついた取り組みが着実に進展しつつある．失われた20年からの脱
却は実体経済でのミクロの企業や組織の戦略的対応によってしか生みだされな
い．その意味で，個々の食関連企業によるこうした付加価値型戦略の展開は注
目される．

おわりに

　食品における品質概念の多面化とそこでアクターが果たす役割，とくに国内

食関連企業の輸入調達行動の複雑な展開について探索的な考察を行った．それらを踏まえて，食品がもつ広義の品質競争力と今後の日本の食市場の方向性にかかわる論点について課題提起的に述べたい．

　まず食品の品質要因として必須な安全性からみてみよう．国産農産物をはじめとする日本食品は，国内市場において最終購買者である消費者から相対的に高い主観的品質評価を得ることで，中国産をはじめとする輸入食品に対し相対的に優位な品質競争力を維持してきた．しかしながら，実際には，中国の野菜生産は残留農薬問題の発生を契機に，現地の生産者や政府など様々なアクターによる安全性確保のための取り組みが着実に進展しつつある．現時点では部分的とはいえ，今後，中国での品質管理の改善が前進し，それに関する正しい情報の提供を通じて，国産農産物の安全面での品質優位性の基盤は徐々に揺らいでいく可能性が高い．もっとも，このことは，中国食品を消費する世界の実需者にとってはもちろんのこと，中国の消費者にとっても大いに歓迎すべき変化であることはいうまでもない．

　日本市場の食市場の立場から問題とすべきは次の点である．それは，日本市場において中国産に代表される輸入食品の価格メリットが徐々に縮小する一方で，日本の「買い負け」現象が同時に進行していることである．かりに日本経済が今後，賃金低下，低価格志向の強まり，企業の低価格戦略，というデフレスパイラルの負の連関から脱却できないならば，日本市場における食品の品質劣化現象が水面下で進行する恐れがある．当面，少なくとも日本市場の過度の標準品志向や外観・形状重視の調達ニーズの見直しは食関連業界を挙げての早急の課題ということができる．

　物流品質についてはどうか．必要なとき，必要なだけ，必要な場所で入手できるというアヴェイラビリティ（availability）の高さは食関連企業が供給先を選択するにあたって，もっとも重要視される品質価値の1つとなっている．要するに，品質競争力は，単なるモノとしてではなく，モノとサービスが結合したサプライというレベルで捉えられなければならない．こうした物流サービスの品質水準では，輸入食品の相対的劣位性がほぼ自明である．航空便では，ク

イック・レスポンスの供給対応が可能になる．しかし，航空便の運賃負担に耐えられる単価の食品，ないしその季節はきわめて限定される．食品の国際物流でより一般的に利用される船便でのコンテナ輸送は，長距離であっても物流費負担を大幅に削減し，調達先の空間的制約をほぼ解消するにいたっている．しかし一方で，海外調達における船便輸送の利用は，① 長期にわたる輸送期間，② ロットの大量性，という制約が伴い，食関連企業の調達行動に数量と時間の両面で投機的な性格を与える．不確実性がますます強まる現代の市場条件下において食関連企業が投機的調達ではなく延期的な調達を志向するかぎり，国内農産物供給のもつ物流品質の優位性は大きい．その究極の具体的形態がまさに地産地消なのである．

　最近，食関連企業が低価格訴求よりも，むしろ高付加価値化による品質訴求を重視する戦略を採用し，消費者の支持を得ている事例がみられる．その多くで，自社の品揃えやメニューを差別化するときの品質優位性の源泉として，食品や食材に重要な位置づけが与えられている．1つは，小売・中食・外食企業が国内各地で力強く存続する生業者や中小メーカーが供給する食品の品質価値に着目し連携型のローカル調達に注力する取り組みがみられる．いま1つに，輸入調達においても，単に低価格ではなく，消費者に対し高品質の食を提供する目的で，海外の優良な生産者や産地を発掘し調達システムを構築しようとする動きもある．こうした2つの取り組みは，1つの組織内で同時に展開されることも決して例外的ではない．両者が必ずしも矛盾する二律背反的な戦略ではないことを示唆している[11]．重要なのは，輸入，国産とを問わず，品質優位の比較はサプライチェーンを主導するアクターである食関連企業の戦略に大きく依存するという点にある．農業者・産地にとって，食関連企業との持続的な連携関係を構築するには，事業理念を共有できるパートナーの適切な選択が出発点であるということができる．

　ローカルな連携型の展開を誘発するには，品質を保証する制度整備が欠かせない．原産地表示と地域認証制度の整備がそれである（須田［2002］；内藤［2013］）．ヨーロッパにおける地理的表示の制度的整備と比較すると，日本の

それは大きく遅れをとっている．制度的な基盤を整備することで，フリーライダーの発生を避けつつ，生産者と食関連企業，あるいは消費者とが一体となった，食品の品質価値を共有する連携関係が展開する途が拓かれる．地域認証を基礎とする地域ブランド化によってはじめて，それが単なるネーミングではなく，消費者に対するたしかな品質の保証の実現につながる．使用価値的品質とともに，物語といった記号的品質，高い鮮度を保証する物流サービス品質，倫理規定を順守した社会品質におよぶ，広範な品質の追求がなされることが期待される[12]．これからの多様で豊かな食生活の展望は，産地や食関連企業が多様な品質競争力を維持・強化していくことによって可能になるものである．

1) 本章は，下記の論稿をベースに，前半の理論的な考察部分はほぼ利用しつつ，後半の実証分析において新たな内容を付加するかたちで，より説得力を高めるようリライトしたものである．基本的な論旨に変更があるものではない．木立真直「食品市場における品質問題と食関連企業の輸入調達行動」日本農業経済学会『農業経済研究』第 86 巻第 2 号，2014 年．

2) 不完全な状態の市場こそが現実の市場の態様であり，かつ，それが決して否定的な状態ではないとみる立場は必ずしも新しい見解ではない．すでに，Robinson, J. *The Economics of Imperfect Competition*, 1950（J. ロビンソン著／加藤泰男訳）『不完全競争の経済学』，文雅堂銀行研究社，1956 年）や Chamberlin, E. H. *The Theory of Monopolistic Competition*, 1933（E. H. チェンバリン著／青山秀夫訳『独占的競争の理論』，至誠堂，1966 年）による完全競争と独占との中間領域の分析にはじまり，その後の長年の論争がある．

3) これに先立ち，従来の商業学が単なる技術的な商業操作の寄せ集めに留まり，社会科学的な視座を欠いていたことの欠陥を強く意識し，経済学的な視座からの商業経済論の体系化を目指したのが，森下二次也『現代商業経済論』，有斐閣，1960 年，であった．

4) 最近，政府は日本食の普及に関して，Made IN Japan，Made BY Japan，Made FROM Japan，の 3 つの方策を提示している．この分類の妥当性はさておき，食品のオリジンを生産・製造地，生産主体，そして生産技術の観点から整理することが必要である．例えば，技術のオリジンが消費者に対して価値を訴求する場合が考えられるからである．

5) 本来，「商品の市場における運動を論ずる場合，基本的な 3 つの要素は，商品の品質（Q）と価格（p）と量（x）である」（橋本ら [2002]）．これら 3 つの変数は密

接に関連しあっていることは，現実の商取引の場でしばしば観察される．ミクロの視点からは，需要が増えると価格が低下するというオーソドックスな価格理論では説明できない現象も生じる（成生ら「高需要期の低価格―チャネル間での価格・数量競争と流通費用削減投資―」，日本商業学会『流通研究』第 15 巻第 1 号，2013 年）．ところで，最近の取引における数量は，単純に「安定供給」などと表現されることが多いが，実際には，納品までのリードタイムなどの物流品質と密接に関連する品質要素の 1 つである．

6) 品質概念としての「安全性」と「安心感」という 2 つの要素は，前者が客観的なものであり，後者が主観的な要素である．論点は，価格との相関関係を分析するにあたって，これら 2 つの要素を峻別しなければならないのか否かにある．この点にかかわって森高［2008］の指摘は興味深い．事業者にとっての安全性に関する主観的評価，すなわち安心の意義について，事業者が商品や供給者を選択するにあたり，リスク回避の点で安全よりむしろ安心という要素が強く作用する面があることを主張する．

7) 例えば，300 円未満の弁当に使用される食材としての野菜は基本的に輸入の冷凍野菜が利用されているとの指摘がある．

8) トラックか鉄道かの輸送手段の選択は，タマネギの品質維持に大きく影響するという．産地の雲南省から輸出企業の立地する山東省まで鉄道では 10 日間を要し，また積み替えが最低 2 回行われる．一方，トラックでは輸送日数は 4 日に短縮し，また積み替え作業の必要がない．このため，鉄道輸送の場合の破損率は 2，3 割であるのに対し，トラックの場合，1 割程度に低下するという（小峯・河原［2013］）．

9) 同様の輸入品の劣位は，食肉の場合でも同様の事実が指摘できる（筆者 2005 年調査）．大手スーパーの PB 食品の開発と供給において，スーパー本部は，世界的にもトップクラスの安全性を誇り，品質と価格のバランスの取れた（Value for money）牛肉を PB として日本の店舗に供給する戦略を展開した．だが店舗側では，品質劣位であっても，より値ごろ感のある牛肉の品揃えを志向し，発注を控える傾向がみられ，この本部の戦略と個店ベースの品揃え行動の乖離に苦慮する面がある，との発言があった．

10) C 社へのインタビュー調査で，同社が目指すのは，単に「おいしい」ではなく，「誰が食べても本当においしい」料理の提供である，との発言は印象的であった．「低価格」と「おいしさ」の両立を目指す大手外食チェーンにおける「おいしさ」とは異なる，いわばワンランク上の差別化戦略を追求しているといってよい．

11) おそらくこの点は，企業における消費者への価値訴求が単品レベルではなく，品揃え・メニュー全体で展開されることとに関わっていると考えられる．企業における品揃えの多様性の最適化については Shiozawa［2012］があるが，今後の検討課題である．

12) 本章で，触れられなかった論点として，食肉に典型的な社会品質の問題がある．欧米の食品先進国においてミニマム・スタンダードとなっている食肉などでのアニマル・ウェルフェアへの対応はわが国では大きく遅れをとっていることは明らかである．また，輸入水産物とくに養殖魚供給をめぐるサプライチェーンについて，多面的な品質の観点から解明することが求められている．欧米の食肉先進国では，トランジットペン（肥育牛の休息場所）を設けるなど，できるだけ牛にストレスを感じさせることなく処理する配慮がなされている（甲斐 ［2001］）．

参 考 文 献

甲斐諭「食肉主要輸出国の安全性・品質保証システム」，日本農業市場学会『食品の安全性と品質表示』，筑波書房，2001 年

河野五郎『使用価値と商品学』大月書店，1983 年

川端康子『小売業の国際電子商品調達』，同文舘出版，2012 年

神田健策・大島一二編著『中国農業の市場化と農村合作社の展開』，筑波書房，2013 年

菊池昌弥『冷凍野菜の開発輸入とマーケティング戦略』農林統計協会，2006 年

木立真直「アメリカ型食生活の広がりと食のグローバル化」，中野一新・杉山道雄編『グローバリゼーションと国際農業市場』，筑波書房，2001 年

木立真直「食品小売・外食業におけるグローバル調達戦略―輸入野菜の取り扱い実態と今後の意向について―」，日本農業市場学会『農業市場研究』，11(2)，2002 年

木立真直「特集：融合する流通：業務用市場の研究」，流通経済研究所『流通情報』419，2004 年

木立真直「小売主導型流通システムの進化と展開方向」，木立真直・辰馬信男編『流通の理論・歴史・現状分析』，中央大学出版部，2006 年

木立真直「デフレと食関連産業―川下デフレ・川上インフレ下での食関連企業の対応課題」，日本フードサービス学会『2011 年日本フードサービス学会年報』16，2011 年

小峯厚・河原壽「中国における野菜生産・輸出の動向―冬春野菜産地の動き―」，農畜産業振興機構『野菜情報』2012 年 4 月号.

小宮隆太郎・天野明弘『国際経済学』，岩波書店，1972 年

佐々木隆夫『国際経済学 International Economics ―北海道大学公共政策大学院・経済学部 2007 年度講義ノート―』，2007 年

須田文明「フランスにおける公的品質表示産品におけるガヴァナンス構造」，農林水産政策研究所『農林水産政策研究』3，2002 年

高柳長直・川久保篤志・中川秀一・宮地忠幸編著『グローバル化に対抗する農林水

産業』, 農林統計協会, 2010 年

内藤恵久「地理的表示の保護について」, 農林水産政策研究所『農林水産政策研究』20, 2013 年

新山陽子「欧米の食品の品質管理にみる新しい食品供給システムのあり方」, 『農業と経済』62 (13), 昭和堂, 1996 年

西部忠「多層分散型市場の理論—不可逆時間, 切り離し機構, 価格・数量調整—」, 進化経済学会『進化経済学会第 2 回駒場大会報告論文』, 1998 年

橋本仁蔵・石崎悦史『商品学と技術』, 白桃書房, 2002 年

美土路知之「拡張する食料品市場とフードビジネス—多国籍・巨大ビジネスのスキ間（ニッチ）から持続可能な地域ビジネスへ—」, 美土路知之・玉真之介・泉谷眞実編著『食料・農業市場研究の到達点と展望』, 筑波書房, 2013 年

森高正博「流通事業者による食品安全性・リスク情報の判断に関する考察—頻度論統計学とベイズ統計学によるアプローチ—」, 福田晋編著『食品の安全・安心の経済分析』, 九州学術出版振興センター, 2008 年

羅歓鎮・牧野文夫「中国市場における日本農産物の国際競争力—福島県産米と中国・黒竜江産米の比較を中心に—」, 東京経済大学経済学会『東京経大学会誌』第 247 号, 2005 年

Gottlieb, R. and Joshi. A., *Food Justice*, The MIT Press, 2010

Shiozawa, Yoshinori, Estimating Optimal Product Variety of Firms, The Japan Association of Evolutionary Economics, *Evolutionary and Institutional Economic Review*, 9 (1), 2012, pp.11-35.

第7章　LCC のハイブリッド化とパラダイム変化

はじめに

　航空輸送産業における最近の変化の1つは，「低費用航空会社（Low Cost Carrier：LCC）」の躍進である．LCC とは，サービスの簡素化や業務の効率化によってコストを軽減し，大手航空会社と比べて低運賃で航空輸送サービスを提供する航空会社を指す（加藤・引頭・山内［2014］）[1]．LCC は 1971 年に米国テキサス州で創設された Southwest を発端としており，その範囲は今や米国のみに止まらず，欧州，アジア・太平洋，中東，アフリカにまで拡大している．

　このようなグローバル規模での LCC の成長の背景には，航空自由化の進展がある．米国では 1978 年の国内航空規制緩和法施行以後，様々な新規航空会社が誕生し，大手航空会社よりも安価なコスト・運賃で航空市場に参入した．新規航空会社の多くは，大手航空会社のリストラクチャリングや合併・買収を通した市場支配力の強化をはじめとする対応に対抗できず，参入から数年で撤退を開始した（遠藤［2007］）．こうしたなか，Southwest をはじめとする一部の LCC は，卓越したマーケティング力や従業員管理システムを駆使し，大手航空会社を凌ぐ規模にまで勢力を拡大している[2]．Southwest のビジネスモデルは，LCC の原点となるビジネスモデルで，概ね LCC はこれに追随している．

　他方，欧州では 1997 年に単一航空市場が完成し，加盟国内および加盟国相互の参入，運賃，ならびに資本移動に関する規制が撤廃された[3]．これによって，従来，加盟国内のリージョナル航空会社の1つにすぎなかった Ryanair や Norwegian Air Shuttle などが次々と Southwest のビジネスモデルを継承し，ク

ロスボーダーでネットワークを広げている．とくに，Ryanair は大手航空会社による生産効率性の改善やリージョナル航空会社の合併・買収による市場支配力の強化，ならびに，競合他社との差別化に対応する目的から，いち早く航空サービスのアンバンドルと附帯収入（Ancillary Revenue）の最大化を徹底し，これらを企業戦略の根幹として位置づけることで利用者からの支持の獲得や企業パフォーマンスの向上に結びつけている．同社の 2012 年における国際線輸送人員数は，Lufthansa の 5088 万人を上回る世界第 1 位（7965 万人）の規模に到達している．

　アジア・太平洋地域では，1996 年の豪・NZ 単一航空市場協定の締結後，航空自由化の流れが徐々に加速しつつある．このなかでも ASEAN においては，1997 年の第 2 回 ASEAN 交通首脳会談で航空自由化の段階的な実施による域内航空輸送の競争力強化が確認され，2015 年の単一航空市場の完成を目指している．単一航空市場の実現に向けては制度面・構造面において多くのハードルが存在するものの，マレーシアの Air Asia やシンガポールの Jetstar Asia は加盟国内に合弁会社を立ち上げ，実質的な多国間輸送やカボタージュの行使に踏み切ることで，これらの制約に対応している（花岡［2006］，花岡［2010］）．現在，この「合弁会社 LCC モデル」は ASEAN 加盟国全体に波及し，折からの経済成長や統合化のプロセスとも相まって，域内航空ネットワークの充実化や企業間競争の促進に貢献している．

　以上のように，LCC の発展には航空自由化が大きく関わっており，その事業サイクルは自由化の進捗や自由化以後における経営環境の変化に左右されている．そして，Southwest のビジネスモデルは，これらの違いや変化に応じ，深化や淘汰を繰り返し，様々なバリエーションを生み出し続けている．例えば，Almadari ＆ Fagan［2005］によれば，2001 年の主要 LCC における Southwest モデルの順守度は Ryanair 85 ％，Easyjet 74 ％，Jet Blue 50%，AirTran 41%，Frontier 32% であった[4]．Hvass［2006］も Almadari ＆ Fagan［2005］と同様の手法を用い，2004 年をベンチマークに Southwest モデルの順守度を検証したところ，Ryanair 97%，Easyjet 77%，Jet Blue 57%，AirTran 53%，Frontier 53%

の結果を示している．LCC のビジネスモデルはハイブリッド化の傾向を辿っており，画一的ではない．

ところで，Almadari & Fagan［2005］や Hvass［2006］の分析は 2000 年代初期に実施されたもので，近年にみる LCC のグローバル化や地域間における経営環境の相違は分析対象に含まれていない．そのため，Southwest のビジネスモデルがどのような形によってハイブリッド化し，グローバルに波及しているのか，ビジネスモデルのハイブリッド化がどのように LCC の運営に影響を与えているのかについては考察されていない．この点では課題が残されている．

そこで，本章では第 1 に，Southwest のビジネスモデルを再検討する．第 2 に，このモデルがどのような経路で発展や変化に至っているのかについて米国，欧州，アジア・太平洋の三地域における LCC を対象に，その背景や要因に関わる整理を試みる．第 3 に，ビジネスモデルのハイブリッド化が LCC の運営に与える影響について検証し，最後に，LCC の今後の展望や政策的課題などについて示唆を導出することを目的としている．

1．LCC の内容と Southwest モデル

(1) 航空サービスの分類と LCC の内容

遠藤［2007］によれば，航空サービスはそのサービス内容から，大きく 3 つに分類することができる．1 つはフルサービス航空会社（Full Service Airline: FSA）である．一般的に，FSA は LCC に対比する用語として用いられ，基幹空港をベースに複数クラス・複数機材で短距離・長距離を網羅した様々なネットワークを展開し，搭乗前後，および機内においてあらゆるサービスを提供する．これには，従来の大手航空会社が該当する．

2 つ目は，チャーター航空会社である．チャーター輸送は，旅行商品全般のプロデューサーとしてのツアーオペレーターが航空会社から座席を買い上げ，ホテル，陸上交通，保険などの附帯商品と一括で販売する「包括的パッケージ型（Inclusive package）商品」のなかに組み込まれている．チャーター輸送はと

くに欧州においてその活躍が目立っており，ここには80席以上の機材を揃えるチャーター専門の航空会社が100社以上も存在する．欧州のチャーター航空会社は平均運航距離2,000Km，平均運航時間3.5時間以内の短距離・中距離リゾート路線主体のネットワークを構築し，その多くがツアーオペレーターに垂直統合された組織の一部として運営されている（Williams［2012］）．

3つ目は，LCCである．LCCはSouthwestのビジネスモデルを基本とし，それは短距離直行型のpoint-to-pointネットワークで，機内食や機内エンターテインメントを省いたノンフリルのサービスを供給する．そして，低費用・低運賃を実現するため，混雑の少ない二次的空港に就航し，機材稼働率を引き上げるほか，単一機材利用やマルチタスク制（複数業務分担制）などを通して人件費を削減する．なお，LCCは設立の経緯から，航空自由化を契機に，Southwestのビジネスモデルを継承し，新規に航空市場に参入したLCC（＝独立系LCC），航空自由化後のLCCとの価格競争に対応するために，大手航空会社が自らの傘下に立ち上げたLCC（大手系LCC），チャーター航空会社からLCCに転換したLCC（＝チャーター系LCC）に分けることができる．

以上のサービス別の概要とビジネスモデルを整理したものが表1である．

表1　LCCタイプ別のビジネスモデル比較

項　　目	独立系LCCモデル (Southwest Model)	チャーター系LCCモデル	大手LCCモデル
ネットワーク	Point to Point (Code share，乗継無し)	Point to Point (Code share，乗継無し)	Point to Point (Code share，乗継無し)
航 行 距 離	480〜630Km（平均）	2,000Km（平均）	480〜2,000Km（平均）
利 用 空 港	二次的空港	二次的空港 (一部ハブ空港)	ハブ空港
航空券販売方法	オンライン直販 (座席指定不可)	店頭販売 (座席指定可)	店頭＆オンライン直販 (座席指定可)
キャビン編成	オールエコノミー	一部複数クラス制	複数クラス制
機内サービス	ノンフリル	ノンフリル	フリル付き
運 　 賃	シングル	パッケージ商品に含む	複数
折り返し時間	短い（25〜60分以内）	長い（60分以上）	長い（60分以上）
ロードファクター	やや高い（〜85%）	高い（85〜100%）	路線需要に応じて様々

（出所）Wensveen and Leick(2009)，pp.131-132，Williams(2012)，pp.187-188などを参考に筆者作成.

FSA はハブ＆スポークのネットワークを基本とし，機内サービスの充実化や多様な選択肢の提供を通しながら利用者の利便性を追求してきた．チャーター航空会社は，包括的パッケージ型商品の一部として，大手航空会社では充足できない需要を補完する目的のもとで運航されてきた．その一方で，LCC は FSA やチャーター航空会社とは異なり，サービスの簡略化や労働生産性の拡大などにより低費用・低運賃を実現し，シンプルで低運賃のサービスを望む利用者から支持を得てきた．

(2) Southwest の経営戦略モデル

米国では航空自由化が進展した 1980 年代から多数の LCC が航空市場に参入し，労働生産性の向上や資源調達コストの軽減を基盤に低費用・低運賃を実現し，大手航空会社と価格競争を展開していた．例えば，1980 年代初期に米国第 5 位の航空会社に成長した People Express は，次のような戦略をもとに事業を行っていた．

- Point-to-Point の短距離多頻度運航を通し，旅客のフライト選択の幅を拡大する
- 人的資源の「交差活用（Cross-Utilization）」を通し労働生産性を最大限に発揮し，組織全体のコストを低く維持する
- ノンフリルサービス，機内持ち込み手荷物の有償化（1 個当たり 3 ドル），オールエコノミー自由席，機内での航空券発券などのサービスの簡略化を徹底する
- 旅客の金銭的負担と手続き上のコストを軽減するため，低運賃で有効期限なしの航空券を発行する
- サービスの対象を自由化の便益がまだあらわれていない米国東部市場に絞る
- ニューヨーク大都市圏からアクセスが容易で，発着枠に余裕があるニューアーク空港を事業の拠点とする

サービスの省略，Point-to-Point 多頻度運航による機材稼働率の向上，マル

チタスク制の採用による労働生産性の強化をもとに低費用・低運賃を目指す試みは，Southwest のビジネスモデルと相違ない．しかし，People Express を含めた LCC の多くは倒産，もしくは，大手航空会社への吸収・合併を経験した．その数は，欧米合計で 100 社を超えると言われている．このように，LCC が淘汰を繰り返さざるを得なかった理由として，中条［2005］は次の 3 点を指摘している．

第 1 に，大手航空会社の効率改善である．"低費用・低運賃" は 1 つの武器ではあるものの，もともとネットワークや資金力の面で競争優位を持つ大手航空会社が，LCC との価格競争の経過のなかでコストを切り詰め，その一方で，ビジネス対応力を持った人材を集め，マーケティングに力を入れてしまえば，LCC には余程の統治システムや斬新なマーケティングがない限り生き残ることは難しい．

第 2 に，大手航空会社の略奪的価格設定である．略奪的価格設定とは，新規参入企業の弱体化を目的に，支配的企業が大幅に（＝限界費用以下に）価格を引き下げ，新規参入企業の撤退後，再度限界費用の水準に価格を戻すことを意味する．LCC は運行特性上，ある程度の需要が見込める路線で，機材あたりの乗客密度を引き上げ，機材稼働率を向上させることがコスト削減の要となるから，その参入路線は大手航空会社との競合が常につきまとう．大手航空会社が略奪的価格の設定に踏み切った場合，LCC はこれに耐えきれず，最終的には，事業規模の縮小や市場からの退出を余儀なくされる[5]．

第 3 に，事業規模の拡大に伴う労働生産性の低下である．LCC も運航開始当初は，大手航空会社の割高な運賃に不満を持っていた利用者からの支持を獲得し，順調に業績を伸ばしていた．他方，業績の伸展による急速な事業規模の拡大は従業員 1 人あたりの労務負担の増加につながり，組織内部の労働生産性がかえって低下した．LCC はこの労務負担を軽減するため，従業員の大量採用に踏み切ったものの，スキル面の問題や頻繁な配置転換によって従業員の労働インセンティブは大きく損なわれた．サービスの品質は大きく落ち込み，利用者は大手航空会社への回帰を始めた[6]．

第 7 章　LCC のハイブリッド化とパラダイム変化　147

　以上のようななか，Southwest は市場環境の変化をいち早く把握し，卓越
したマーケティングを駆使して企業のアイデンティティを確立させてきた．
Alamdari & Fagan［2005］は Porter［1985］が提唱した競争優位の獲得に必要
な「3 つの基本戦略（コストリーダーシップ戦略，差別化戦略，フォーカス戦略）」
と Southwest のビジネスモデルの関係を分析し，同社が躍進に至った要因や経
過を分析している．はじめにコストリーダーシップ戦略では，経済性の発揮や
資源の優先的な確保によって，競合他社と比べて低いコストを達成する戦略が
求められる．Southwest は，混雑の少ない大都市圏周辺の二次的空港を拠点とし，
高密度多頻度運航を基本とした「密度の経済性」を発揮させ，一方で二次的空
港への就航による空港使用料の軽減，単一機材への統一化，ノンフリルサービ
ス，オンライン販売による流通費の節減などにより全体の平均費用を削減して
きた．また，独自の企業風土の構築やプレミアムの付与を通して，従業員の満
足度を向上させ，この労働力を柔軟に活用することで従業員 1 人あたりの労働
生産性を引き上げてきた．

　続いて，差別化戦略では競合他社に先駆けてビジネスモデルを明確にし，ビ
ジネスのミッションと目標を明らかにすることで差別化優位を実現した．そし
て，急激に事業規模を拡大せず，ターゲットとなり得る市場を的確に見極め，
そこに低廉で利便性の高いサービスを集中的に供給することにより，市場を開
拓してきた．これはフォーカス戦略に関係する[7]．

　ところで，Southwest モデルの優位性については，Porter［1985］の 3 つの基
本戦略との関係以外に Christensen［1997］の “イノベーションのジレンマ（The
Innovator's Dilemma）” との関連からとらえた研究もある（杉山［2012］）．イノ
ベーションのジレンマとは，伝統的な企業が新規企業に敗北し，市場における
競争優位性を失う経過を説明づける論理で，Christensen［1997］はこれを「持
続的イノベーション」と「破壊的イノベーション」という 2 つの概念を用いて
考察した．前者は，企業が利用者のニーズを汲み取り，これに付加価値などを
加えた高品質のサービスを提供することで利益率の上昇を目指すものである．
これには，大手航空会社が該当し，ハブ＆スポークのネットワーク，機内サー

ビスの充実化，グラウンドサービスの改善などを通じ，利用者の満足度やロイヤリティを向上させている．また，利用者の支払い意思に沿った様々な運賃を用意し，サービス選択の機会を与えるほか，イールド・マネジメントや GDS，FFP のマーケティングも戦略的に組み合わせながら優位性を獲得している．

後者は，持続的イノベーションのもとで開発されたサービスと比較して品質は劣るものの，低費用・低価格で利用者に使いやすいサービスを提供することで，ローエンドと呼ばれる利用者や別の市場セグメントの利用者を確保し，市場における競争優位性を高めるものである．破壊的イノベーションは，「ローエンド型破壊」と「新市場型破壊」の2つに区別され（杉山 [2012]），前者は高水準のサービスに対する選好が皆無で，低価格で最小限のサービスを求めるローエンド層に戦略の焦点をあてることによって生じる．後者は，所得やスキル等の問題からサービスを全く利用できなかった利用者や利用そのものに制約を抱えていた利用者向けに新たなサービスを投入することによって生起される．ここでは，利用者志向のサービスを基本とし，附帯サービスや間接経費を削減する一方で，資源全体の稼働率を増加させ，サービス1単位あたりの利益を最大化する試みが実施される．

Southwest のビジネスモデルはまさにこの破壊的イノベーションの枠組みに沿って確立されたものであり，これによって同社は大手航空会社を凌駕し，成長を積み重ねてきた．もっとも，破壊的イノベーションは既存サービスを基礎としつつも，その模倣や継承のみでは創出されず，あらゆる知識やスキルを駆使しながら，サービスの結合や合成などの工夫を繰り返す必要がある．Southwest は従業員間のコミュニケーションやチームコーディネートをベースとし，サービスに対する従業員のアイデアやそれに基づく成果を重視して，独自の企業価値を生み出してきた．そして，大手航空会社の持続的イノベーションによって生まれたギャップ（過剰な機内サービス，GDS や FFP のわかりにくさ，複雑な運賃体系，ハブ空港利用による混雑や遅延）を正確に把握し，二次的空港への就航やノンフリルサービスなどの新規資源へのアクセスを用意し，多様な価値やニーズを作り上げてきた．

しかし，近年，大手航空会社もまた破壊的イノベーションに目を向ける傾向があり，Southwestと同じようにノンフリルサービスやオンラインチケットの販売を始め，場合によっては大手LCCの創設に踏み切る航空会社もある．これに対して，SouthwestをはじめとするLCCは長距離市場の開拓を目的にビジネス運賃の設定，フリル付きサービスの開始，FFPの導入など大手航空会社の戦略への接近をすすめている．Southwestのビジネスモデルは，経営環境や市場の動向に従って変化しており，そのなかで様々な淘汰と発展を繰り返している．

2．LCCビジネスモデルのハイブリッド化とLCCのグローバル展開

(1) 米国の事例

米国では以上のようなLCCの創成期を経た後，1990年代からはIT技術革新の進展による航空券販売経路の多様化や9.11同時多発テロをはじめとした景気の低迷に伴う大手航空会社の経営不振が相次ぎ，再びLCCが市場への参入を試みている．LCCの市場シェアは急速に拡大し，2011年までに米国国内線市場シェアの32％を占めるに至っている（図1参照）．とくに，Southwestの躍進は目ざましく，2012年の米国国内線旅客数は国内第1位の1億1223万人を記録している．Jet BlueやAir Tranはいまだ大手航空会社の後塵を拝しているものの，Americanの6505万人に次ぐ規模で推移している（図2参照）．

Ito & Lee［2003］によれば，米国におけるLCCの参入は参入前利用者数，参入前平均運賃，運航距離480Km以上，LCCの拠点空港の4つの従属変数と正の相関を持つ一方で，遅延発生率，OD人口，平均所得，ハブ空港などの変数に対しては負の相関がみられると指摘している（いずれも5％有意）．言い換えれば，LCCは① 後背地の人口や所得こそハブ空港と比べて多くないが，② 潜在的需要がある程度見込める空港，③ 参入前の平均運賃が高く止まっている空港，④ 既にLCCが就航し，大手航空会社がハブ空港として活用していない空港で，運航距離480Km以上の高密度・多頻度運航を展開している．この

ように，混雑の少ない二次的空港を拠点とし，低運賃で短距離路線を中心とした高密度多頻度運航を実施する試みは，Southwest モデルと軌を一にしており，

図1　米国国内線におけるシェアの推移

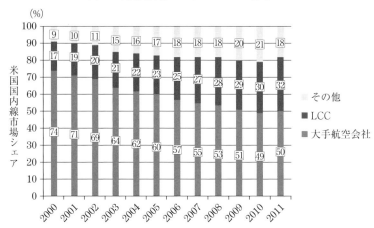

（出所）　運輸政策研究所国際問題研究所資料による．

図2　米国主要航空会社国内線旅客数

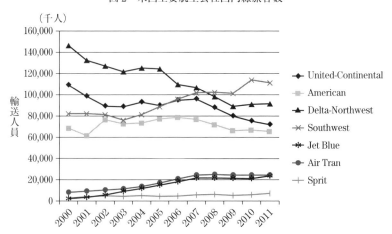

（出所）　U.S.DOT, Air Carriers:T-100 より作成．

この点では現代の LCC の多くが Southwest に追随としているものと言える.

　ただ，LCC 各々のビジネスモデルは Southwest モデルを基本としつつも，路線需要や各社の経営環境の違いに従って様々な改定が加えられており，全てが画一的なモデルで統一されているわけではない.

　第1に，機内サービスの改善と FFP の導入である．例えば，Jet Blue はプレミアムエコノミーとエコノミーの2クラス座席指定制をとり，個人モニター，機内 Wi-Fi，機内食をはじめとしたフリル付きサービスを提供している．また，JFK 空港 LCC ターミナルの完成を翌年に控えた 2007 年からは国内外の大手航空会社との戦略的提携を開始し，長距離市場へのネットワーク拡大に取り組んでいる．これまで Aer Lingus, American Airlines, Emilates, Lufthansa, Hawaiian Airways, JAL をはじめ国内外 27 社との提携を結び，FFP（True Blue）とのマイレージ交換やコードシェアなどを通し，利用者の利便性を確保している[8].

　第2に，二次的空港からの撤退とハブ空港への回帰である．既に JFK 空港やボストン空港のハブ空港を拠点としている Jet Blue はもちろん，従来二次的空港を拠点としていた LCC も二次的空港からの撤退を始め，ハブ空港からのネットワークを広げつつある．Vergin America はサンフランシスコ空港とロサンゼルス空港を拠点にシカゴ・オヘア空港，JFK 空港，ダラス・フォートワース空港などのハブ空港を中心に路線を編成している．Sprit もデトロイト空港を第2の拠点とし，アトランタ空港，ダラス・フォートワース空港，シカゴ・オヘア空港のハブ空港に乗り入れを行っている．さらに，Southwest はダラス・ラブフィールド空港やシカゴ・ミッドウェイ空港からの路線を削減し，JFK 空港，ボストン空港，ワシントン・レーガン空港などハブ空港発着の路線を強化している.

　第3に，Southwest モデルの徹底と深化である．具体的には航空サービスのアンバンドルと附帯収入（Ancillary Revenue）の最大化である[9]．Jet Blue やVergin America のようにサービス全体の品質向上を目指す LCC が存在する一方で，Sprit などは一貫して Southwest モデルを貫き，「ウルトラ低費用航

空会社（Ultra Low Cost Carrier: ULCC）」としての地位を確立している．もともとULCCのビジネスモデルは後述する欧州のRyanairから提示されたモデルで，それは座席リクライニング機能の除去によるシートピッチの短縮や1日平均12時間以上の機材稼働のほか，輸送以外のあらゆるサービスのアンバンドルと有料販売を通じた附帯収入の獲得を特徴としている．実際のところ，Spiritの機材稼働時間は1日平均12.7時間に上り（＝2011年度米国LCC平均11時間），主要機材（A320）の提供座席数も競合他社平均より40席多い178席に到達している．附帯収入は全収入の30％を占有しており，Southwestの6.2％，Frontierの7％を大きく上回っている（長井［2012］）．

　では，なぜ米国のLCCは大手航空会社の戦略に接近するLCCとSouthwestモデルを追求するLCCの2つが交互にみられるのであろうか．この理由は，1つに米国におけるハブ空港整備の進展や大手航空会社の倒産・合併に伴い，ハブ空港の発着枠に余裕が出てきたためである（花岡［2012］）．2つ目に，LCCの顧客ターゲットとされてきたローエンド層や非利用者層に関する潜在的需要の開拓が飽和状態をきたしているためである．3つ目に，9.11同時多発テロ後の景気の衰退とイラク戦争を契機とした原油価格の高騰により，航空市場全般のイールドが低迷しているためである．

　このようなLCCの対応に対し，大手航空会社は中小航空会社の合併・買収をすすめ，市場支配力を伸ばし，市場の寡占化を進展させてきた．また，FFPの活用や航空券販売における旅行代理店との垂直統合を通し，利用者の囲い込みを展開した．他方で，LCCとの競合をめぐっては，傘下にLCCを立ち上げ，大手LCCとして別組織・別ブランドでローコスト・ノンフリルサービスの供給に従事させた．表2は，米国における大手LCCのビジネスモデルをあらわしたものである．大手LCCのビジネスモデルは高密度多頻度運航をベースとした密度の経済性の発揮を原則に，平均費用の縮減を目標としている意味においてSouthwestモデルとの違いは存在しない．その一方で，運航管理やネットワーク構造などに目を向けたとき，大手LCCは以下の諸点でSouthwestモデルとは異なる特徴がある．

第7章　LCC のハイブリッド化とパラダイム変化　153

表2　米国における大手 LCC の概要

ブランド名	Song	Ted	CA Lite	Shuttle	Delta Express	Metrojet
親会社	Delta	United	Continental	United	Delta	U.S.Airways
運航開始年	2003 年	2004 年	1993 年	1994 年	1996 年	1998 年
運航停止年	2006 年	2009 年	1995 年	2002 年	2003 年	2002 年
所有機材	B757-200	A320	DC9/B737-300	B737-500/300	B737-200	B737-200
機材所有数	36 機	―	―	45 機	25 機	54 機
シートピッチ	33 インチ	31 インチ / 36 インチ	32 インチ / 36 インチ	32 インチ / 36 インチ	32 インチ	32 インチ
クラス数	シングル	2 クラス	2 クラス	2 クラス	シングル	シングル
機材稼働時間 （1 日あたり）	12.1 時間	―		12.0 時間	12.2 時間	12.0 時間
親会社のフィーダー路線としての運航割合 （1 時間あたり）	11.1%	7.8%	38.0%	10.2%	5.8%	19.0%

（出所）　Morrell［2005］, p.306 を一部加筆修正.

　まず，ハブ＆スポークのネットワークである．ハブ＆スポークは最小路線数で接続空港を最大とする効率的なネットワークを形成することが可能であり，航空会社は使用機材数を抑えながら，ロードファクターを最大限に確保することができる（塩見［2002］）．大手 LCC は，スポーク上の多数の起点からハブ空港までの短距離フィーダー路線のなかで LCC と競合する路線に集中的に投入されている．

　続いて，中型機材，または複数機材による 2 クラス制での運航である．一般的に，大手 LCC の機材は親会社からの中古機材のリースや譲渡に頼っており，Song のように B757 クラスの中型機材を所有する LCC や CA Lite，あるいは Shuttle のように複数機材を所有する LCC がみうけられる．キャビンの配列も親会社時代の配列を踏襲している場合が多い．

　次に，従業員のウェットリースである．ウェットリースとは，他の航空会社から人材や設備を借用し，これをもとに自社便を運航するシステムである．大手 LCC は，親会社との間でパイロット，CA，グラウンドスタッフに加え，整備，保険を包括したウェットリース契約を締結しており，LCC から親会社にフライド時間 / ブロック時間単価でリース料が支払われる．この場合の運航責任は

LCC に帰属するため，労務規定や賃金は LCC の基準に沿っている．これによって親会社は，自社の人件費を切り詰め，他方で，LCC からのリース料の受け取りを通し，この収益の一部を還元することができる．

　最後に，GDS を介した航空券の販売である．大手航空会社は親会社も傘下の LCC も流通費の削減を目的にオンラインチケットの販売を開始し，その代わりにチケット販売において大きな役割を担ってきた旅行代理店に対し，チケットごとの均一コミッションの支払いを取りやめつつある．その一方で，GDS への依存は根強く，航空会社はチケット販売実績の高い企業を選別し，販売実績に応じたインセンティブの支払いを継続している（塩見 [2006]）．

　しかしながら，大手 LCC は，独立系 LCC との競合によって次々とシェアを奪われ，2000 年代後半までには運航停止や親会社への再吸収を経験している．このように大手 LCC の戦略がふるわなかった理由として Morrel [2005] は下記の3点を指摘している．第1に，親会社の労働慣行や企業文化が残存したためである．米国の大手 LCC は親会社と別組織・別ブランドで運航されるとはいえ，実際の組織形態は，親会社の支配や関与を排除した完全分離子会社ではなく，「社内カンパニー制」に近い形態のため，組織の意思決定において親会社と LCC との間で二重責任の問題が生じたほか，親会社の労働慣行や企業文化が組織内に蔓延した．とくに，労務規定の改編においては，しばしば労働組合の抵抗に直面し，場合によっては親会社と同一の規定を策定せざるを得ない企業もあった．その結果，ウェットリースには多額の費用が嵩み，人件費はかえって高騰した．

　第2に，市場のセグメント化が十分ではなかったためである．大手航空会社は，LCC を活用してローエンド層や新規顧客層に対し，低運賃・低費用サービスを提供することにより利益の増大を企図する一方で，親会社では高運賃でも満足度やロイヤリティを重視するエグゼクティブ・ビジネス層に品質の高いサービスを提供する「市場のセグメント化」を実現することではじめて企業全体としての生産者余剰が拡大する．しかし，大手航空会社は大手 LCC の設立と歩調を合わせる形でビジネスクラスの削減や機内サービスの簡略化に踏み

切ったので，両者の差別化が曖昧なまま，LCC の導入によって生じた消費者余剰を生産者余剰に転換することができなかった．

第 3 に，ハブ空港における混雑や基幹路線からの乗り継ぎ待機によって遅延が発生し，機材稼働率が低下したためである．大手 LCC はハブ＆スポークのネットワークによっている以上，運航にあたっては基幹路線との接続性やハブ空港における発着枠の混雑を考慮しなければならない．もし，混雑や遅延によって機材稼働率が低下すれば，LCC の費用優位性は損失し，生産性も大きく失われる．

2009 年の Ted の運航停止後，大手 LCC は全て市場から撤退し，これに代わって大手航空会社はリストラクチャリングの推進や路線の選択と集中による費用削減等の対策に舵を切り始めている．具体的には，Chapter11 の利用によるパイロット・CA の人件費引き下げ等を含む組織全体の経費削減，基幹路線への集約化と大型機材投入によるユニットコストの削減，ロードファクターの向上によるイールドの増収である．

(2) 欧州の事例

欧州では 1980 年代後半以降，市場・経済統合の一環として航空自由化が段階的にすすめられ，1997 年に単一航空市場が完成した．その結果，欧州域内における参入，運賃に関する規制が撤廃された．通常，国際航空輸送では，「国籍ルール」と呼ばれる航空会社の自国所有・実効支配が原則となっており，二国間枠組みのもとで自国を拠点にネットワークを展開しなければならない．しかし，欧州単一航空市場では「欧州国籍」が導入され，欧州共通免許を持つ航空会社は域内の国内線や国際線に自由に参入することができる．また，EC 法（The Treaty Establishing the European Community）第 56 条第 1 項に基づく外資規制の撤廃により，航空会社は他の加盟国に事業拠点を設け，場合によってはその国の航空会社を合併・買収することもできる．

単一航空市場の完成から 15 年以上の歳月が経っているが，この経過のなかで，EU の航空市場は主に 2 つの変化を経験してきた．1 つは，クロスボーダー

での資本提携や資本移動である．例えば，Air France-KLM，Lufthansa-Swiss International Airlines，Lufthansa-BMI，Lufthansa-Austrian Airlines の戦略的提携によるデュアル・ハブ（Dual Hub）の構築，TEABasel と EasyJet のフランチャイズ契約による Easyjet Swiss の創設などがあげられる．

　もう1つは，LCC の躍進と大手航空会社間の事業者間競争の伸展である．航空自由化パッケージの段階的な発効に伴い，欧州でも Ryanair や EasyJet をはじめとする LCC が相次いで航空市場に参入し，域内の航空市場の構造を一変させている．ELFAA（European Low Fares Airline Association）によれば，欧州全体でみた LCC の輸送人員は 2006 年までに1億 4000 万人に到達し，その後，2012 年には EU 航空市場シェアの 41％を占有するまでに成長している．また，2010 年時点での輸送人員の伸び率（年間 +3.5%：Base Growth）のまま今後も成長を継続すれば，2020 年までの 10 年間で LCC の座席供給数は 2010 年比 72％，上位予測（年間伸び率 +6.8%）では 108％にまで増大すると予測している（図 3 参照）．

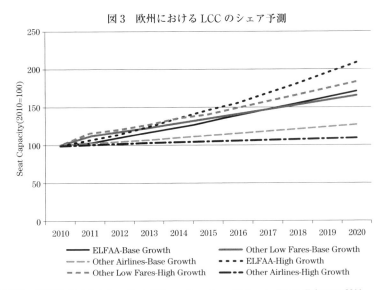

図 3　欧州における LCC のシェア予測

（出所）　ELFAA, *York Aviation: Market Share of Low Fares Airlines in Europe* February 2011.

表 3 は，欧州における LCC の基礎データを示したものである．欧州における
LCC のビジネスモデルは，独立系 LCC（Ryanair，EasyJet，Norwegian Air Shuttle，
Sterling，Germanwings など），大手 LCC（Bmibaby，Transavia，Blue 1 など），チャー
ター系 LCC（Model; Air Berlin，Condor，Monach Airlines など）の 3 つに大別される．
モデル別の特徴としては，独立系 LCC は二次的空港を基点に地方空港や大都
市圏空港，および離島まで包括的にネットワークを網羅している．大手 LCC
はハブ空港を基点とし，独立系 LCC と競合関係にある路線を対象にネットワー

表 3　欧州における LCC の基礎データ

航空会社名	IATA コード	本籍国	設立年度	LCC のタイプ	就航都市数	供給座席数（週あたり）	運航回数（週あたり）
Aer Arran	RE	アイルランド	1970	※ ※※※	20	30,912	528
Air Baltic	BT	ラトビア	1995	※ ※	26	42,316	492
Air Berlin	AB	ドイツ	1978	※ ※※	56	42,316	492
Air Finland	OF	フィンランド	2002	※ ※※	8	6,570	30
Air Wales	6G	英国	1997	※ ※※※	8	7,056	147
Alpi Eagles	E8	イタリア	1979	※ ※※※	13	35,814	381
Bule 1	KF	フィンランド	1987	※ ※	14	48,922	706
bmibaby	WW	英国	2002	※ ※	22	106,662	706
Jet 2	LS	英国	2002	※ ※※※	20	69,132	486
CentralWings	CO	ポーランド	2004	※ ※	26	26,038	178
Condor	DE	ドイツ	1955	※ ※※	39	132,378	637
EasyJet	U2	英国	1995	※	61	672,798	4,429
Excel Airways	JN	英国	1994	※ ※※※	3	756	4
First Choice	DP	英国	1987	※ ※※	11	13,242	58
Fly Baboo	F7	スイス	2003	※	6	3,700	74
Flybe	BE	英国	1979	※ ※※※	37	158,628	1,762
Flyglobespan	B4	英国	2002	※	13	33,972	228
Germanwings	4U	ドイツ	2002	※	40	130,548	968
Golden Air	DC	スウェーデン	1976	※ ※※※	14	17,764	498
Hapag lioyd Express	X3	ドイツ	2002	※ ※※	28	102,148	756
Helvetic Airways	2L	スイス	2003	※ ※※	20	184,000	184
InterSky	3L	オーストリア	2001	※	12	5,100	102
Monach Airlines	ZB	英国	1967	※ ※※	19	79,460	378
Norwegian Air Shuttle	DY	ノルウェー	1993	※	27	92,796	627
Ryanair	FR	アイルランド	1985	※	95	835,758	4,422
SkyEurope	NE	スロバキア	2001	※	21	31,388	326
Smartwings	QS	チェコ	2004	※ ※※	11	9,008	78
Spanair	JK	スペイン	1988	※ ※※※	28	25,198	1,786
Sterling	NB	デンマーク	1962	※	23	54,237	293
Transavia	HV	オランダ	1966	※ ※	52	84,098	532
Windjet	IV	イタリア	2003	※ ※※※	9	36,000	200
WazzAir	W6	ハンガリー	2003	※	16	51,840	288

（注）　※は独立系 LCC，※※ は大手 LCC，※※※ はチャーター系 LCC，※※※※ はその他
LCC）を指す．
（出所）　OAG Data（http://www.oagdata.com）より作成．

図4 欧州におけるLCCのネットワーク特性

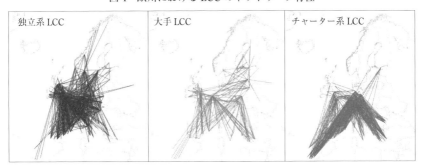

(出所) OAG Data (http://www.oagdata.com/).

クを広げている．チャーター系LCCは観光需要が集中するリゾート路線を基盤にネットワークを構築している（図4参照）．

　Dobruszkes［2006；2009］は，欧州におけるLCCの全体的な特性について次のように整理している．第1に，1フライト平均634Km，平均フライト時間1～4時間の短距離・中距離路線がネットワークの中心をなしている点である．第2に，ダブルトラック，あるいは，トリプルトラックの高需要路線でLCCと大手航空会社，またはLCC間の価格競争が伸展している点である．第3に，2000年代後半に相次いだ東欧諸国の欧州加盟によって，西欧諸国間の南北のネットワークのみならず，東欧諸国と西欧諸国を結ぶ東西のネットワークが増加している点である．このなかでもRyanairは航空自由化の流れのなかでいち早くビジネスモデルの改革につとめ，1997年の単一航空市場の完成以後，ネットワークを急速に拡大させている点で注目に値する．

　Ryanairはもともと50席以下の小型機材を使用し，アイルランド国内線や短距離国際線を担当する典型的なリージョナル航空会社であった．しかし，過去最高の累積赤字額（2000万ポンド）を計上した1990年を契機に，同社はSouthwestモデルに倣い，全ての路線において低運賃で高密度多頻度運航を実現させる戦略に転換し，他方で，経営陣の交代やビジネスモデルの刷新をはじめとする大胆なリストラクチャリングを実施した．これによって，同社の業績

は徐々に回復し，輸送人員についても1990年からわずか10年の間に10倍以上増大した．その後，2003年にはKLMの子会社Buzzを買収し，同社の路線13路線を引き継いだ．2008年には主力機材であるB737NGを新たに13機追加発注し（合計保有機材数199機），223の新規路線を開設している．さらに，2009年には，傘下に長距離国際線担当の子会社「Ryanair Atlantic」を創設し，ロンドン・スタンステッド空港，ダブリン空港，リバプール空港，フランクフルト・ハーン空港，バルセロナ空港の欧州域内空港とダラス，ニューヨーク，ボストン，デンバー，ロサンゼルス，ラスベガスの米国主要都市間を結ぶ大陸横断路線の就航を発表した[10]．現在，Ryanairの輸送人員はLufthansaの5088万人を上回る7965万人の規模に到達し，国際線旅客数では世界第1位の規模を誇っている．

　このように，Ryanairが急激に業績を拡大させた背景には，Southwestモデルを徹底して遵守したほか，二次的空港との綿密なコラボレーションによる空港使用料の引き下げと航空サービスのアンバンドルによる附帯収入の最大化が関わっている（Barrett（2004））．具体的には，前者は，大手航空会社の減便や撤退によって空白となった二次的空港を対象に運航拠点を整備する引き換えに，空港に対しては，空港使用料の減免措置などの各種特典を求めるものである．特典の内容は空港別に多様であり，客室乗務員への宿泊費助成や空港使用料の減免措置など簡素な契約のみを空港に要求するケースもあれば，共同プロモーション＆PR活動による後背地需要の創出など地域振興策とマッチングした需要喚起を空港に要請するケースもある[11]．これによって，Ryanairは空港使用料についてはもちろん，運航拠点の整備にあたって発生する広告費や人件費などを削減することができる．空港もRyanairに特典を与えることで，一定期間の間空白枠を埋め，収入を計上することができる．Ryanairはこのような仕組みのもと，ブリュッセル・シャルルロワ空港，フランクフルト・ハーン空港，ストックホルム・スカブスタ空港，ローマ・チェンピーノ空港，グラスゴー・プレストウィック空港などの大都市圏周辺の空港に運航拠点を開設し，その数は欧州域内合計23空港にまで広がっている．

後者は，米国の Spirit と同じように輸送以外のサービスのアンバンドルとアンバンドルサービスの有料化を通じ，附帯収入を計上するものである．橋本(2012)によれば，Ryanair は附帯収入を企業の営業収入カテゴリーのなかに位置づけた最初の航空会社であり，その試みは EasyJet や Norwegian Air Shuttle のような欧州域内の LCC のみならず，先述の Spirit や Air Asia のような米国・アジア・アジア太平洋の LCC に至るまでグローバルに伝播している．図5は世界の主要 LCC10 社の営業収入に占める附帯収入の割合を図示したものである．営業収入全体の 33.2% を占有する Sprit を筆頭とし，Jet2.com や EasyJet, Ryanair, Air Asia, Tiger Airways など多くの主要 LCC が附帯収入を重視している傾向が読み取れる．

　ところで，先述のように欧州では Ryanair に代表される独立系 LCC 以外にも大手 LCC やチャーター系 LCC など多様なタイプのビジネスモデルを持った LCC が出現し，各々の事業者間で激しい価格競争を繰り広げている．まず，大手 LCC は LCC との大手航空会社の価格競争のプロセスのなかで生み

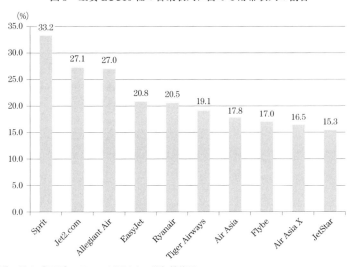

図5　主要 LCC10 社の営業収入に占める附帯収入の割合

（出所）　橋本［2012］，47ページ図4を一部加筆修正．

出されたもので，ここでは米国の大手LCCと同じように2クラス制（一部オールエコノミー）による運航，ハブ＆スポークのネットワーク編成，GDSを介した航空券の販売，複数機材の使用，FFPの適用を特徴としている．いくつかの大手LCCは，2002年のEasyJetによるGo Fly（BAのLCC）の買収や2003年RyanairによるGo（BAのLCC）の買収のケースにみられるように独立系LCCへの吸収や倒産を経験したものの，Germanwings（LufthansaのLCC）やTransavia（KLM-Air FranceのLCC）のように今でもなお活動を継続しているLCCがある．この点では，米国の大手LCCとは異なる．Dennis［2007］はこれらの理由として次の2つを指摘している．1つに，大手航空会社からの完全な独立である．GermanwingsもTransaviaも親会社から100％の出資を受けているが，運航計画，組織の運営，サービス運航においては大手とは完全に切り離されており，自らの意思決定のもとでサービスを提供することができる．

　2つ目に，市場のセグメント化が容易な点である．長距離国際線を除き，欧州域内の路線は，国内線も国際線も航行時間2-3時間の短距離路線が中心である．そのため，たとえ，満足度やロイヤリティを重視するエグゼクティブ・ビジネス層であってもビジネスクラスに対する需要が少なく，全てエコノミークラスで運航したとしても彼らの選好には影響を与えない．従って，大手航空会社は長距離国際線においてビジネスクラスやフリル付サービスを提供し，欧州域内路線や国内線ではローコスト・ノンフリルサービスの供給に従事すれば良い．

　他方，チャーター系LCCは，航空自由化に先行して実施された包括的旅行商品販売に関する規制緩和とパッケージⅢにおけるチャーター輸送に対する欧州共通免許の適用を背景に勢力を拡大している．従来，欧州におけるチャーター輸送は，1960年代以降の高度経済成長による国内総生産の上昇や可処分所得の増加，および余暇時間の増大を背景とした観光需要の拡大に支えられながら，定期航空輸送との棲み分けのなかで，それでは賄えない需要を補完する目的で運航されてきた．チャーター輸送は，旅行商品全般のプロデューサーとしてのツアーオペレーターがチャーター航空会社から座席を買い上げ，ホテル，陸上

交通，保険などの附帯商品と一括で販売する「包括的パッケージ型（Inclusive package）商品」のなかに組み込まれてきた．しかしながら，パッケージⅢ発効以後は定期輸送，チャーター輸送，貨物輸送の区別が撤廃され，運賃についても全ての輸送形態について自由化する対策が講じられたため，チャーター輸送から定期輸送に転換し，新規に定期輸送としての路線開設をすすめる航空会社が増加している．

　Williams［2012］はチャーター系 LCC の特徴を以下のように整理している．第 1 に，包括的パッケージ型商品とのセット販売を通じた高いロードファクターの享受である．Evans［2001］によれば，チャーター系 LCC の親会社のツアーオペレーターはあらかじめ年間需要予測をもとに航空会社から一括で座席を確保し，季節的な需要変動やイベントリスクの可能性を考慮しつつ，他の附帯商品ともセットで商品を販売する．これによって，LCC は，旅客の積み残しや余剰キャパシティを生じさせることなく，商品の販売数に従って各路線に適切な機材を割り当てることができる[12]．

　第 2 に，中距離路線も網羅した高い座席密度・大型機材による運航である．例 え ば，Monarch Airlines，Thomas Cook Airlines，Thomson Airlines な どのチャーター航空会社は 150 席以上の A320 のほか，250 席以上の B757 や A332 を所有している．平均座席数は大手航空会社 149 席，LCC150 席に対し，チャーター航空会社では 180 席である．チャーター航空会社の平均運航距離は独立系 LCC と比較して高く，高い座席密度をキープしたまま，機材稼働時間を引き上げることが可能である[13]．第 3 に，二次的空港，もしくは，オフピーク時の空港利用による空港使用料の削減である．チャーター輸送の発着時間はツアー開始・終了時間の早朝・夜間に集中するため（Kerns, et al.（2009）），空港使用料のディスカウントを容易に受けやすい．実際のところ，Monarch Airlines，Thomas Cook Airlines，Thomson Airlines のチャーター航空会社の運航費用全体に占める空港使用料の割合は 13 〜 17％で，Ryanair（14％）とほぼ同一の水準で推移している．第 4 に，販売促進費やコミッションなど流通に関わる費用の縮減である．チャーター輸送は包括的パッケージ型商品のなかに組

み込まれているので，広告・宣伝，販売は，ツアーオペレーター傘下の旅行代
理店が行う．その結果，チャーター航空会社には間接営業に関わるコストが発
生しない．

(3) アジア・太平洋の事例

　アジア・太平洋地域では，伝統的な二国間主義による制限的なシステムが残
り，大規模な航空自由化や国際間の連携はすすまなかった．国内航空輸送に
関しても政情の不安定や国営企業保護政策の影響から様々な制約が課されてお
り，完全な自由化までには程遠い状況にあった．しかし，1996 年の豪・NZ 単
一航空市場協定の締結を契機に，航空自由化の流れが押し寄せ，国内航空輸
送の規制改革と連動しつつ航空市場の開放を目指す取り組みが徐々に加速化
しつつある．とくに，ASEAN では，1997 年の第 2 回 ASEAN 交通首脳会談に
おいて航空自由化の段階的な実施による域内航空輸送の競争力強化が合意に至
り，2015 年の ASEAN 単一航空市場の完成に向けた対応が急ピッチで展開され
ている．これは，1998 年から 3 度にわたって発表された実行計画「ASEAN 交
通アクションプラン」の内容に従い，ASEAN 単一航空市場の完成を実現する
ものである．まず，第 1 段階では 1998 年に出された「ASEAN 交通アクション
プラン 1999-2004」に基づいて，2002 年に「航空貨物輸送に関する ASEAN メ
モランダム 2002 (The ASEAN Memorandum of Understanding on Air Freight Services
2002)」がまとめられた．ここでは，域内の国際空港 20 か所で，週 100 トン以
内の輸送を行う航空貨物輸送について（2008 年以降 250 トン以内に緩和），「第 3
の自由（自国から相手国への運輸権の自由）」，「第 4 の自由（相手国から自国への運
輸権の自由）」が承認された．

　続く第 2 段階では，2004 年に公表された「ASEAN 交通アクションプラン
2005-2010」のなかで，「航空輸送統合へ向けたロードマップ（Roadmap for the
Integration of Air Travel)」が明らかにされた．この内容は，① 2008 年までに航
空貨物輸送の完全自由化と首都圏空港を対象とした「第 3 の自由」，「第 4 の自由」
を認めること，② 2010 年までに同空港における「第 5 の自由（以遠権）」を認

めること，③ 2015 年までに首都圏空港を含む全ての国際空港に対して第 3 の
自由」，「第 4 の自由」，「第 5 の自由」を認め，航空市場の統合を完結させると
いうものである．そして，ロードマップの実行に向けた「附属書（Annex）」と「手
順書（Protocol）」も示された（表 4 参照）[14]．

最終の第 3 段階として作成された 2010 年の「ASEAN 交通アクションプ
ラン 2011–2015」では，2007 年の「AEC ブループリント（ASEAN Economic
Community Blue Print）」の提示を受け，2015 年の「ASEAN 経済共同体（ASEAN
Economic Community: AEC）」の設立と合わせる形で，ASEAN 単一航空市場を完
成させる目標が設定された．

このような航空自由化の段階的な伸展に伴い，ASEAN においても 1996 年の

表 4　ASEAN 単一航空市場に向けたロードマップの内容

輸送の種別	附属書（Annex）	手順書（Protocol）	スケジュール	批准国数
貨　　物	航空貨物輸送の完全自由化に向けた複数国間合意（Mulutilateral Agreement）	【Protocol 1】域内指定空港における「第3の自由」，「第4の自由」，「第5の自由」の無制限	2006 年 12 月まで	5 カ国
		【Protocol 2】域内全ての国際空港における「第3の自由」，「第4の自由」，「第5の自由」の無制限	2008 年 12 月まで	5 カ国
旅　　客	航空サービスに関する複数国間合意	【Protocol 1】準地域の複数国間合意の枠組みの範囲内における「第3の自由」，「第4の自由」の無制限	2005 年 12 月まで	5 カ国
		【Protocol 2】準地域の複数国間合意の枠組みの範囲内における「第5の自由」の無制限	2006 年 12 月まで	5 カ国
		【Protocol 3】準地域の複数国間合意の対象国間における「第3の自由」，「第4の自由」の無制限		4 カ国
		【Protocol 4】準地域の複数国間合意の対象国間における「第5の自由」の無制限	2008 年 12 月まで	4 カ国
		【Protocol 5】域内首都圏空港における「第3の自由」，「第4の自由」の無制限		4 カ国
		【Protocol 6】域内首都圏空港における「第5の自由」の無制限	2010 年 12 月まで	4 カ国
	航空旅客輸送の完全自由化に向けた複数国間合意	【Protocol 1】域内指定空港における「第3の自由」，「第4の自由」，「第5の自由」の無制限	2015 年 12 月まで	―
		【Protocol 2】域内全ての国際空港における「第3の自由」，「第4の自由」，「第5の自由」の無制限		―

（出所）　ASEAN Transport Action Plan2005–2010, 2010–2015 に基づき報告者作成．

Sebu Pacific 運航開始以後，およそ15社に上るLCCが開設し，利用者の選択
肢の創出や企業間競争の拡大に貢献している．例えば，ASEAN域内主要国際
線3路線（ジャカルタ・スカルノハッタ～チャンギ線，クアラルンプール国際～チャン
ギ線，バンコク・スワンナブーム～チャンギ線）におけるLCCの提供座席数の割合
は137万席に上り，全体の45.6%を占めるまでに成長している（図6-1～3参
照）．とくに，クアラルンプール国際～チャンギ線では，2007年からの輸送力
（便数）規制の緩和によって，Singapore Airlines と Malaysia Airlines の大手航
空会社2社に加え，Tiger Airways, Air Asia, Jet Star Asia, Fire Fly の4社が
参入した結果，総提供座席数は55万席（2007年）から100万席（2012年）に増
加し，2011年には大手航空会社とLCCの提供座席数の比率が逆転するまでに
至っている[15]．

ASEAN の LCC は Southwest モデルを原則とし，Point-to-Point の短距離直行
型のネットワーク，二次的空港（施設）の利用によるターンアラウンドタイム

図6-1　ASEAN主要3路線における提供座席数
ジャカルタ・スカルノハッタ～チャンギ線（ASEAN1位）

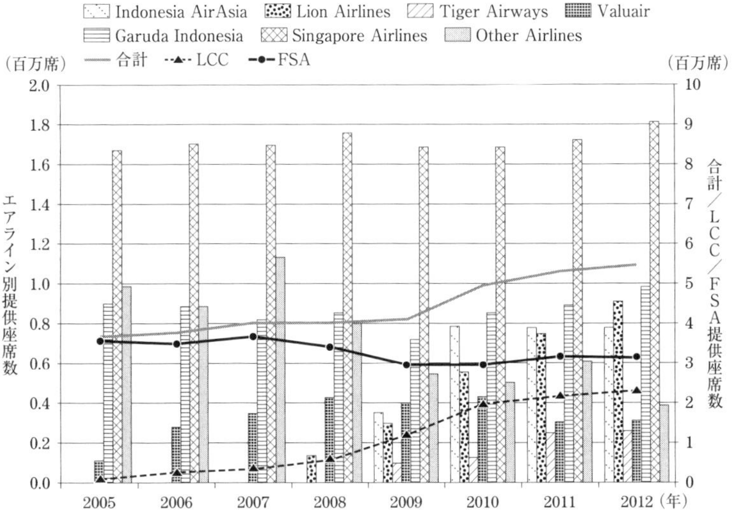

（出所）国土技術総合政策研究所資料．

166

図6-2 クアラルンプール国際～チャンギ線（ASEAN 2位）

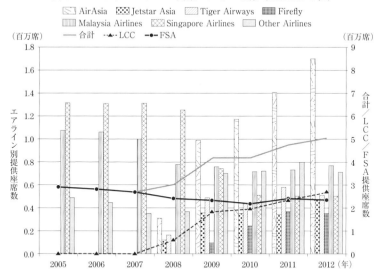

（出所）　国土技術総合政策研究所資料.

図6-3 バンコク・スワンナブーム～チャンギ線（ASEAN 3位）

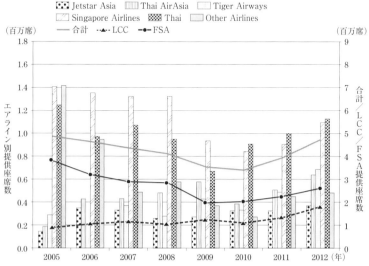

（出所）　国土技術総合政策研究所資料.

の短縮と機材稼働率の向上，単一機材への統一を通した人件費・整備費の削減，機内サービスを簡略化したノンフリルのサービスを特徴としている．

ASEAN における LCC の運航費用は，2012 年のユニットコストベースでは，概ね 4.6 〜 5.1 円で推移し，大手航空会社 3 社（Singapore Airlines, Malaysia Airlines, Thai Intl. Airlines）と比べて，高い費用優位性が発揮されている（＝大手 3 社平均 8.1 円）．また，Singapore Airlines を 100 とした場合のイールドは Tiger Airways 0.37，Air Asia 0.56，Jet Star Asia 0.72 で，大手以上の効率性が達成されている（Hanaoka, et al.［2014］）．

このなかでも，Air Asia のコスト競争力は高く，Southwest（6.9 円）や Easyjet（6.5 円）を上回るユニットコスト（4.1 円）で運航が行われている．Air Asia の戦略は，① ASEAN 諸国のなかでも 1 人あたり GDP の高いシンガポール，クアラルンプール，バンコク，ジャカルタ，マニラに路線を集中させること，② 各都市から 2 〜 4 時間以内の短距離・中距離路線を主体にネットワークを構築すること，③ LCC 専用ターミナル「ローコストターミナル」の利用によって，空港使用料の軽減や機材稼働率の引き上げを達成すること[16]，④ 従業員にマルチタスク制を課し，一方で，各運航拠点で現地採用した従業員を企業全体で活用することの 4 つを主眼としている．

しかし，航空自由化の経過のなかで LCC がネットワークを広めているとはいえ，ひとたび，LCC を取り巻く経営環境に目を向けたとき，ASEAN には必ずしも事業に適切な環境が整っているとは言えない．その理由は，次のように整理できる．

1 つは，加盟国間の経済格差である．LCC の躍進によって航空需要が喚起されているのは，主に ASEAN 先行加盟 6 カ国のみであって，残る 4 カ国については長期間にわたる対外戦争や内戦の影響から，先行加盟 6 カ国との間で大きな社会・経済格差が存在する．1 人あたり GDP でみれば，ASEAN 加盟国トップのシンガポールと最下位のミャンマーとの間に約 61 倍もの開きがある．

2 つ目に，制度面での制約である．ASEAN の航空自由化は今までのところ首都圏空港に限った「第 3 の自由」「第 4 の自由」の承認のみに止まっている．

単一航空市場は 2015 年に完成する予定であるが，たとえ，それが完成したとしても，国際空港間の「第 3 の自由」，「第 4 の自由」，「第 5 の自由」を認めるだけにすぎない．カボタージュや三国間輸送は実現せず，航空市場は完全に開放されない．

3 つ目に，大手航空会社に対する保護政策である．一部の国を除き，加盟国の大手航空会社は国営の航空会社で，政府は国営企業保護の立場から，様々な規制を課している．航空自由化に積極的な国でさえ，大手航空会社を保護する目的で，参入や運賃に規制をかけることが少なくない（Forsyth, et al.［2004］）．

4 つ目に，二次的空港の不在である．二次的空港への就航は，LCC にとって空港使用料の軽減や機材稼働率の引き上げを実行する上で欠かせないものである．ところが，首都圏空港郊外の二次的空港は，品質が乏しく，整備が行き届いていない．そればかりか，自由化を前提としない国内航空需要の自然増加にさえ対応できていない（Hopper［2002］）．

では，このような構造面・制度面での制約に対して，LCC はどのように対応し，今日までに及ぶ躍進を遂げているのであろうか．花岡［2012］は，ASEAN の LCC は航空自由化の経過において締結された複数国間航空自由化合意の枠組みを利用し，各国に合弁会社を立ち上げ，実質的な第三国輸送やカボタージュを行使している点にその理由を求めている．

表 5 に表記されているように，Air Asia は 2004 年にタイとインドネシアに合弁会社を創設し，「Thai Air Asia」，「Indonesia Air Asia」として両国国内線の運航を始めた．続く 2007 年には，Vergin Group 20％，Orix 10％の出資を受けた（残り 70％は Air Asia 出資）三社合弁の LCC「Air Asia X」がクアラルンプール国際空港を拠点に，ゴールドコースト，ドバイ，ニューヨーク，東京，モスクワなどの長距離国際線に就航している．2013 年には，インドネシアとタイに「Indonesia Air Asia X（Air Asia 49％，PTKAP 51％出資）」と「Thai Air Asia X（Air Asia 49％，TB holding 41％，JK holding 10％出資）」を立ち上げ，北東アジア，ヨーロッパ方面に進出するほか，既存ネットワークとの連携のもとで，インドネシア，タイ，マレーシアの三国間輸送を実施している[17]．

表5 ASEANにおけるLCCの海外事業展開

航空会社	合弁会社	創設年度	出資構成等
Air Asia	Thai Air Asia	2004年	AirAsia 49%, Mr.Sitthichai Veerathummanoon 51%
	Indonesia Air Asia		AirAsia 49%, PT Fersindo Nusaperkasa 51%
	Air Asia X	2007年	Virgin Group 20%, ORIX 10%, AirAsia 70%
	Air Asia Philippines	2010年	Filipino entrepreneurs 20%, A. Cojuangco Jr 20%, M. Romero 20%, AirAsia 40%
	Thai Air Asia X	2013年	TB holding 41%, JK holding 10%, AirAsia 49%
	Indonesia Air Asia X		AirAsia 49%, PTKAP 51%
Jet Star	Jet Star Asia	2003年	T. Chew 22%, Temasek Holdings 19%, F. Wong 10%, Qantas 49%
	Jet Star Pacific	2008年	Vietnam Airlinens 70%, Qantas 30%
Tiger Airways	Air Asia Philippines	2006年	Cebu Pacific 40%, Tiger Airways 60%
	Tiger Air Mandala	2012年	Sandiaga Salahudi Uno 51%, Tiger Airways 33%, Other 16%

（出所）　各社 Annual Report より作成.

　他方，Jet Star は，既に Jet Star Asia のブランドで，チャンギ空港を拠点に ASEAN 域内の短距離国際線に就航している．2005 年には Value Air と合併し，域内のネットワークを拡大させた．2008 年にはベトナムの Pacific Airlines と業務提携を行い「Jet Star Pacific」を創立したが，この業務提携が同国の外資規制に抵触したため，代わって Vietnam Airlines の傘下に入り，ベトナム国内線や域内の短距離国際線を担当している．Tiger Airways は，2014 年に Sebu Pacific と相互予約販売，マーケティング，Tiger Air Philippine 株式 40％の譲渡に関する協定を締結し，Sebu Pacific の国内線・国際線と連動したネットワークを構築している．

3. LCC ビジネスモデルのハイブリッド化が LCC の運営に与える影響と今後の政策的課題

(1) LCC ビジネスモデルのハイブリッド化が LCC に与える影響

以上，米国，欧州，アジア・太平洋の三地域を対象に，大手航空会社の対応

や航空自由化の進展の違いなどに関わる整理を試みながら，LCC ビジネスモデルの変化について検討した．ここまでの考察結果を地域ごとに区分し，整理しておきたい．まず米国では，第1に，航空自由化が進展した 1980 年代から多数の LCC が航空市場に参入し，順調に業績を積み重ねていったものの，急激な事業規模の拡大によって労働生産性が著しく低下したほか，LCC に対する大手航空会社の効率改善や略奪的価格設定の行使などの対応もあり，100 社を超える LCC が倒産，もしくは，大手航空会社への吸収・合併を経験した．

　第2に，現在，米国で運航する LCC は 1980 年代の生き残りか 1990 年代以降に参入した LCC で，それらは Southwest モデルを基本としつつも，路線需要や各社の経営環境の違いに従い，大手航空会社の戦略に接近する場合と Southwest モデルを徹底する場合の2つのパターンがみられる．第3に，このような LCC の戦略に対し，大手航空会社は中小航空会社の合併・買収をすすめ，その一方で，自社の傘下に LCC を立ち上げることで，LCC との競合に対処した．ただ，大手 LCC は親会社の労働慣行や企業文化の残存，市場セグメント化の不在，ハブ空港利用による機材稼働率の減少により，次第にコスト優位性を失い，2000 年代後半までには全ての LCC が運航停止や親会社への再吸収を余儀なくされた．

　続いて，欧州では第1に，1997 年の単一航空市場の完成を契機にクロスボーダーでの資本提携や資本移動がすすみ，他方で，Ryanair や EasyJet をはじめとする LCC が相次いで航空市場に参入し，域内の航空市場の構造を一変させた．第2に，Ryanair は，Southwest モデルに追随しつつ，二次的空港との綿密なコラボレーションによる空港使用料の引き下げや航空サービスのアンバンドルによる附帯収入の最大化によって国際線旅客数世界第1位の航空会社にまで成長し，その戦略は欧州域内のみならず，米国・アジア・アジア太平洋の LCC に対しても大きな影響を与えている．第3に，欧州の大手 LCC は Go Fly や Go のように独立系 LCC に買収されるケースがあったが，市場のセグメント化が比較的容易なことから，Germanwings や Transavia のように大手航空会社から完全に独立し活動を続ける LCC もある．第4に，欧州には独立系 LCC

や大手LCCに続くもう1つのLCCとしてチャーター系LCCが存在する．チャーター系LCCはツアーオペレーターに垂直統合された一部の組織として運営されており，包括的パッケージ型商品とのセット販売を通じた高いロードファクターの享受やオフピーク時の空港利用による空港使用料の削減などをもとに平均費用を引き下げ，観光地路線を中心に幅広いネットワークを形成している．

　最後に，アジア・太平洋地域では，第1に，2015年のASEAN単一航空市場の完成を目標とし，段階的な航空自由化に取り組んでいる．これによって，15社を数えるLCCが航空市場に参入し，路線によっては大手を凌駕する規模にまでネットワークを拡大している．第2に，ASEANの航空市場は加盟国間での経済格差や政治体制の相違から，航空自由化に対する姿勢にバラツキがみられ，単一航空市場が完成しても，カボタージュや三国間輸送は承認されず，航空市場は開放されない．第3に，このような構造面・制度面での制約を解消するため，Air AsiaやJet Star AsiaなどのLCCは域内加盟国に合弁会社を立ち上げ，実質上の第三国輸送やカボタージュを実現する「合弁会社LCCモデル」を推進している．

　このように，Southwestモデルの確立によって航空市場に新たなビジネスチャンスをもたらしたLCCは，今やグローバルに波及し，各国の制度や経営環境の相違に従い，様々なバリエーションを生み出している．そして，LCC各社は自らの裁量で試行錯誤を重ね，Southwestモデルとは異なる独自のビジネスモデルを作り上げている．もちろん，このことは，Southwestモデルの退化を意味しているのではなく，むしろ，そのモデルに多くの工夫が凝らされ，深化を遂げた結果である．ではこうしたビジネスモデルのハイブリッド化によってLCCの運営にはどのような影響が生じたのであろうか．以下では主に次の3点について触れておきたい．

1）Southwest効果の減少とコスト優位性の縮小

Dresner, et al.［1996］によれば，米国国内におけるSouthwest参入路線では，その路線と近隣空港から他の航空会社が運航する競合路線において

Southwestl 効果が生じ，平均運賃で 53％の低下がみられると指摘している．
この Southwest 効果は，Southwest に限らず，米国におけるその他の LCC や
欧州における LCC でも散見され，消費者余剰の増大と移動選択肢の創出に大
きな貢献をもたらしている[18]．しかしながら，最近ではフリル付きサービス
の開始やハブ空港への回帰による機材稼働率の減少をはじめとしたビジネスモ
デルの変革によって，LCC 全体のユニットコストが上昇し[19]，この上昇分を
運賃の値上げで埋め合わせている関係から，そうした効果は縮小傾向にあると
の見解がある（村上［2012］）．実際のところ，米国国内線における LCC のユニッ
トコストと大手航空会社のユニットコストの差は縮まってきており，2011 年
の対比ではわずか 1.9 セントの差しかない（図 7 参照）．さらに，LCC と大手航
空会社のイールド比較では，LCC は大手航空会社の 4.4 セントを上回る 4.5 セ
ントで推移しており，両者の立場が逆転している（図 8 参照）．

　Murakami & Asahi［2011］は 2006 〜 2010 年までの米国大手航空会社 7 社と
Southwest の合計 8 社のデータを用いて，LCC の価格設定行動を分析し，その
結果を次のように整理している．第 1 に，LCC の参入によって運賃が減少す
るのは参入 1 〜 2 年目の 2 年間のみであり，以後は低運賃の維持に困難をきた

図 7　米国国内線におけるユニットコストの推移

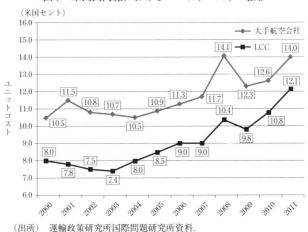

（出所）　運輸政策研究所国際問題研究所資料．

図8 米国国内線におけるイールドの経過

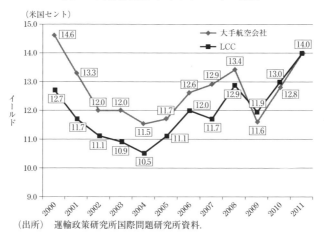

（出所）運輸政策研究所国際問題研究所資料．

し，参入以前と同じ水準に回復する．第2に，LCCは大手航空会社との競合に直面するハブ空港の路線では運賃を低めに設定するが，LCCがある程度の市場支配力を有する二次的空港では高い運賃を課する．第3に，LCCは大手航空会社の行動を窺い，共謀的行動をとることもある．

このことは，LCCが常に低運賃でサービスを供給しているわけではなく，ある路線での企業間競争により，その他の路線の利益を変動させる可能性を示唆している．こうした「マルチマーケットコンタクト」はビジネスモデルのハイブリッド化がすすむに従い顕著に示されており，LCCの費用面や運賃面における優位性が縮小していることを意味するものである．

2) LCCと空港の垂直的統合に伴う取引費用の内部化

米国のJet Blue，あるいは欧州のRyanairやASEANのAir Asiaの事例にみられるように，LCCは混雑の回避によるターンアラウンドタイムの短縮や機材稼働率の向上，発着枠利用制約の不在によるスケジュール設定の容易化を目的に，空港と綿密なコラボレーションを結び，自社の運航拠点を確保しつつ，安価な空港使用料やその他特典措置によって全体としての費用優位性を確保す

る戦略を講じている．このことは LCC にとって，ビジネスモデルの根幹を維持する上で欠かせないものであり，その一方で，空港にとっても将来的な利用者の獲得，空港デザイン・計画・整備に向けた投資等に関わる不確実性を回避できるメリットがある．

このような空港と LCC 間のコラボレーションは上流市場（＝航空会社）と下流市場（＝空港）の垂直的統合とも言い換えられ，LCC は航空路線の就航で生じる ① 事前交渉の取引（Ex-ante Negotiations），② 承認・計画・整備の取引，③ 運営の取引において生じる取引費用も内部化することができる（Fuhr & Beckers［2006］）．

問題は空港サイドが路線の誘致のみならず，LCC と共同で周辺地域の開発や空港内施設の充実化，およびグラウンドハンドリング設備の改善を含めたコラボレーションを企図するケースである．ここでは，整備される一連の資産が LCC との取引関係を継続するときのみ価値を持つ特殊的資産に変容するから，もし，契約後に取引を中断し，その空港から撤退すれば LCC にはスイッチングコストが発生する．従って，たとえ，路線の収益が計上できない場合でも，ここで出資した投資額を回収するまでは空港との取引関係を続けなければならないので，LCC には常に業績悪化や費用優位性低下のリスクが伴う．契約の内容やシステムを正確に把握した上で，契約行使の是非を見極める必要がある．

3）LCC の海外事業展開による取引の障害と競争優位性の低下

先に述べたように，欧州の Ryanair や EasyJet は空港とのコラボレーションによって自国以外にも欧州加盟各国に運航拠点を確保し，自社のネットワークを拡大させている．また，ASEAN の Air Asia や Jet Star Asia も「合弁会社 LCC モデル」を推進し，本籍国以外の国を拠点に実質的なカボタージュや三国間輸送を展開している．このように LCC が海外に事業展開する理由として遠藤（2009），Alberts, et al.［2010］などは次のような点を指摘している．第 1 に，リスクの分散である．航空輸送はイベントリスクや景気動向に左右されやすい性格を持っているため，複数の国や地域に展開することで，業績変動のリ

スクを抑えることができる．第2に，事業規模や事業分野の拡大による経済性の生起である．航空輸送は初期の固定費が大きくなる傾向があるため，事業の規模や範囲を拡張することで，サービス開始後の平均費用を軽減することができる．

第3に，自社資源の活用と企業の生産効率性の改善である．海外への事業展開は自社資源活用の機会を生み出すから，これによって生産効率性や学習能力の向上が期待できる．第4に，競争優位性の発揮である．航空会社が現地航空会社を上回る競争優位性を所有している場合には，自社の資源と資産を現地に投じ，これらの優位性を直接生かすことで様々な便益を獲得することができる[20]．

しかし，LCCの海外事業展開は常にリスクが伴い，その対応次第では即座に競争優位性が失われることも忘れてはならない．1つに，現地での経験不足や相手国の信頼不足から発生する取引の障害である．取引の障害は組織内部のリスクと組織外部のリスクから生じ，それは事業計画・事業内容に対する「誤解（Misunderstanding）」や各種の不正行為を生み出すことにつながる．その結果，調整や交渉のコストが高騰し，最終的には事業の中止を余儀なくされる．事業が中止されれば，これまで市場調査や計画の策定などに投入した費用は全て埋没し，企業業績にマイナスの影響を与え続ける（Casson［1985］）．

(2) LCCをめぐる今後の展望とわが国への示唆

LCCは，1980年代以後における航空規制緩和や航空自由化のグローバルな進展によって急速な発展を果たし，現在もなおその成長は続いている．この要因は，LCC各社がSouthwestモデルを踏襲しつつも，各国の制度や経営環境の相違に従い，そのモデルを深化させたためである．とくに，米国のSpritによるULCCモデルの確立，欧州のRyanairによるアンバンドルサービス附帯収入の最大化と二次的空港とのコラボレーションによる空港使用料の引き下げ，ASEANのAir AsiaやTigerによる合弁会社LCCモデルの展開などは，LCC各社による創意工夫の産物であり，これらは大手航空会社を含め世界にあまねく

航空会社に大きな影響をもたらしている．その一方で，以上のようなビジネスモデルのハイブリッド化は，しばしば大手航空会社の戦略への接近を伴い，これによって，LCC＝低費用・低運賃という構図が失われつつあるのも事実である．また，海外事業展開や空港との綿密な共同マーケティングは不確実性とリスクを生み，運航以外の面で費用が嵩む問題を孕んでいる．

　今後もLCCの躍進はしばらく継続するであろう．そして，これに並行してビジネスモデルのハイブリッド化もすすみ，様々なビジネスモデルの出現が期待される．そのために，これから講じておかなければならない政策的課題としては，① 第三国輸送やカボタージュの開放を含めた航空自由化や規制緩和の推進，② 二次的空港の整備や大都市圏空港における発着枠の確保，③ 外資規制の見直しによる国際間での資本提携や資本移動の促進である．

　わが国では，LCCの伸展は遅れており，地方都市間での輸送構造も弱い．大手航空会社の揺るぎない地位は継続しており，距離帯別運賃格差は縮まっていない．さらに，都市間輸送においては高速鉄道の整備により，航空需要の大幅な伸びは期待できない．それでも2011年のPeachの運航開始を契機とし，翌年からは合弁会社型LCCが相次いで参入している．これによって，LCCが大手航空会社の需要を侵食し，大手航空会社が今以上の低コスト戦略を迫られる可能性がある．加えて，Ryanairの事例が示すように高速鉄道と競合しない地方都市間の輸送では，LCCと空港とのコラボレーションを結ぶことで，新たなネットワークが喚起されるかもしれない．これらに呼応して，需要が集中する大都市圏空港では空港の再拡張と発着枠の増枠につとめる一方で，地方空港は上下一体化とコンセッションスキームを活用した運営体制の改革を通し，LCCを誘致するための施設面・条件面の調整をつけておくことが重要である．空港運営システムの見直しと運営体制の構築が求められる．今後の空港運営改革とLCCの発展動向が注目される．

第7章　LCC のハイブリッド化とパラダイム変化　177

お わ り に

　本章では，Southwest モデルについて再検討を行った後，米国，欧州，アジア・太平洋の三地域を対象に，大手航空会社の対応や航空自由化の進展の違いなどに関わる整理を試みながら，LCC ビジネスモデルのハイブリッド化について考察した．その上で，これらが LCC の運営に与える影響について検証し，最後に，LCC の今後の展望や示唆について言及した．

　今後の分析課題としては，第 1 に LCC 各社のビジネスモデルと Southwest モデルとの乖離度について定量的な分析をすすめることである．第 2 に，LCC 各社のビジネスモデルにおいてどのようなサービス要素が重視されているのかについて客観的な分析を通して把握することである．第 3 に，各国の航空自由化施策に関する包括的な整理とビジネスモデルの変化について明らかにすることである．以上は今後の課題としたい．

1)　LCC には，格安航空会社，Budget Airline，Discount Airline 等様々な呼称があり，必ずしも統一されてはいない．しかし，いずれの呼称もサービスの簡素化や業務の効率化によって低費用・低運賃のサービスを実現するという考え方は一致している．
2)　例えば，2012 年における Southwest の国内線旅客数は 1 億 1223 万人で，この数字は Delta の 9471 万人，China Southern の 7953 万人，United の 6778 万人を凌ぐ世界第 1 位の規模である．
3)　欧州加盟国内の資本移動については，EC 法（The Treaty Establishing the European Community）第 56 条第 1 項に従い，進出相手国における加盟国内企業の資本所有割合が 100％ 認められることになった．なお，欧州加盟国以外の企業が欧州に進出する場合には，その資本所有割合は 50％ 未満に制限されている．
4)　具体的には，Southwest モデルを「製品上の特性：Point-to-Point のネットワーク構成，低運賃の実現，ノンフリルのサービス展開，座席指定・FFP の撤廃，オンライン経由でのチケット販売）」と「運営上のとく単一機材の導入，機材稼働率の最大化，短距離運航など」の 2 つに区別し，両者の各項目について Southwest と完全に同一の特性を有している場合は 2，類似している場合は 1，全く異なる場合は 0 としてスコア化し，百分率換算で評価している．
5)　例えば，1970 年代後半に，BA と PanNum は Laker Airways と競合する路線の

運賃を同社と同じ水準にまで引き下げた．その結果，Laker Airways の利用者数は激減し，市場からの撤退につながった．Laker Airways の退出後，競合路線の運賃は参入前と同様に戻り，市場は大手航空会社の寡占状態が続いていった．

6) US DOT の Air Travel Consumer Report によれば，People Express の旅客 10 万人あたりの苦情件数が 1984 年の 2.9 件から経営破綻前の 1986 年には 7.9 件に急増した点を指摘している．

7) さらに，マルチタスク制を敷くなかで，従業員間の役割分担や情報の共有化を徹底させたことが，結果的に定時運航率の上昇や手荷物紛失件数の減少につながり，これが顧客満足度の増加や利用者からの支持の獲得に結びついた（Gillen & Lall［2004］，47-48 ページ参照）．

8) とくに，Hawaiian Airways との戦略的提携はハワイ州から米国本土間の州際リゾート路線，およびハワイ州内のインターアイランドリゾート路線の需要を取り込むことが目的で，これによって，同社は直接資源を投入しなくとも国内リゾート路線のネットワークを広げることができる．

9) なお，附帯収入は①旅客輸送直結タイプ（機内食，物品，ハンドリング，座席予約など），②コミッションタイプ（ホテル，レンタカーなど），③FFP・マイレージ販売タイプ（特典航空券，ホテル，レンタカーなど）に分けられる．LCC が関係するタイプは主に旅客輸送直結タイプである（橋本［2012］，46-47 ページ参照）．

10) Ryanair Atlantic は，40 ～ 50 機の A350 と B787 の複数機材・2 クラス制で，片道エコノミークラス 10 ユーロという破格の運賃で運航する予定である．当初，2009 年内の就航を目指していたが，米国の LCC Skypass の運航停止に伴い両社のコードシェアが白紙に戻ったほか，空港使用料をめぐる交渉や機材の調達において調整がつかなかったことから，就航時期を 2014 年に延長し，現在も本格就航に向けた計画を実行中である．

11) 例えば，フランクフルト・ハーン空港では B737NG で就航する全ての LCC に対して空港使用料をフリーにする対策を講じている．コベントリー空港では LCC のみに乗務員の宿泊サービスが提供されている．シャルルロワ空港は Ryanair と共同でプロモーション＆PR 活動促進に向けた合弁会社「Promocy」を創設している．

12) 実際のところ，チャーター航空会社の 2012 年におけるロードファクターはMonarch Airlines 85.6 ％，Thomas Cook Airlines 94.1％，Thomson Airways 92.0 ％で，BA の 69.6 ％，Bmi の 67.0 ％はもちろん，Easyjet 87.3 ％，Ryanair 82.0％よりも高い数値を記録している．この傾向は，パッケージⅢの発効以前から現在まででほとんど変化していない．

13) 例えば，Thomas Cook Airlines の A320 の年間平均機材稼働時間は 9.8 時間，

第 7 章　LCC のハイブリッド化とパラダイム変化　179

B757 では 11.3 時間にも及ぶ. また, Monarch Airlines, Thomas Cook Airlines, Thomson Airways のチャーター航空会社 3 社平均では 12 〜 13 時間に上り, Ryanair と Easyjet の LCC2 社（12 時間）とほぼ同じ水準の機材稼働率を確保している. Williams [2012] は, このようなチャーター航空会社における機材稼働率の高さは, ネットワーク上の特性はもちろん, 需要ピーク時における集中的な機材の投入やオーバーナイト運航の実施にも理由があると述べている.

14)　ロードマップ実施にあたっての具体的な手順は, 附属書への合意・批准によってすすめられる. 附属書を構成する手順書には, ロードマップで掲げた目標に対応した項目が並べられており,「ASEAN-X」と呼ばれる複数国間の合意・批准のもと, 批准までに至った国から順次その内容が実行される仕組みである（花岡 [2010], 41–42 ページ参照）.

15)　また, ジャカルタ・スカルノハッタ〜チャンギ線では 2005 年に従来の Garuda Indonesia 航空と Singapore Airlines に加え Tiger Airways と Value Air が参入した. 2009 年からは Air Asia と Lion も加わり, LCC の提供座席数は 200 万席を超えている. チャンギ〜バンコク・スワンナブーム線でも 2005 年以降, Jet Star Asia, Air Asia, Tiger Airways の 3 社が運航を開始し, 大手 2 社（Singapore Airlines と Thai Intl. Airlines）との間で熾烈な価格競争を繰り広げている. ただ, この 2 路線については, 輸送力に関する規制がまだ完全には撤廃されておらず, LCC は自由な路線展開を行うことができない. そのため, クラアルンプール国際〜チャンギ線のように LCC が大手航空会社の実績を上回るまでには至っていない.

16)　ローコストターミナルとは, 首都圏空港のメインターミナルビルから離れた地点に整備された LCC 専用の簡素なターミナルを意味し, 2006 年にクラアルンプール国際空港とチャンギ空港で初めて建設された（2012 年にチャンギ空港のローコストターミナルは閉鎖）. LCC は, ローコストターミナルの利用によって, 空港使用料を抑えつつ, 需要の大きい首都圏空港への就航が実現できるメリットがある. ただ, ASEAN の空港はもともと空港使用料が安価で, 空港混雑も深刻な問題とはなっていない. また, ターミナル整備のタイミングと航空需要のバランスが均一に確保されていなければ, かえって高いコストをきたすので, この点をどのように見極めて運用を行うかが重要である.

17)　なお, Air Asia は 2010 年に Filipino entrepreneurs 20％, Antonio Cojuangco Jr 20％, Michael Romero 20％, Air Asia 40％の出資を受け, フィリピンのクラーク空港を拠点とする「Air Asia Philippine」を開設した. 2013 年からはフィリピンの LCC「ZEST Airways」と株式の相互持合いに関わる協定を結び, フィリピン国内線や近距離国際線の運航を開始した. しかし, ZEST Airways の経営不振やクラーク空港の運用上の問題から, 同年に Air Asia Philippine 全路線の運航休止を表明し, フィリピン市場から撤退した. 現在はマニラ・ニノイアキノ国際空港と

拠点する「Air Asia ZEST」が ZEST Airways の既存路線のみの運航を続けている．

18) 例えば，米国国内線のうち，Southwest の参入路線においては，2社競合路線で 8％，3～5社競合で 26～44％，5社以上競合で 38％のイールドの低下がある．また，Southwest を除くその他の LCC との2社競合路線では4％，3～5社競合では 30～35％，5社以上競合では 40％イールドが減少している（Dresner, et al.［1996］，324-325 ページ参照）.

19) また，2003 年以降高騰を続けてきた燃油価格が 2009 年に入って大幅に下落したため，これまでヘッジ取引によって燃料を調達することで発揮されてきた費用優位性が低下したこともいまひとつの要因としてあげられる．

20) 企業の海外事業展開における優位性は「所有優位性（O優位性）」，「内部化の優位性（I優位性）」，「立地優位性（L優位性）」の3つから構成される．O優位性とは企業の自社資源や無形資産から暗黙的に生み出される優位性を指し，I優位性は外部環境にある様々な取引の障害を克服することで生じる優位性を意味する．L優位性は企業が O優位性と I優位性の2つを相手国で発揮することによって生起される優位性をあらわす．Dunning（1977）はこれらの3つの優位性が有機的に結びついたときに企業は海外進出を開始し，国際取引によって様々な便益を得ると述べた．

参 考 文 献

遠藤伸明「LCC モデルの国際比較：費用構造を中心に」，航空政策研究会 LCC プロジェクト委員会『低費用航空会社（LCC）の研究』第2章，2007 年2月，5-24 ページ

遠藤伸明「航空会社における事業の国際化と経営業績との関係についての分析」，『交通学研究』，日本交通学会 2009 年度研究年報，111-121 ページ

加藤一誠・引頭雄一・山内芳樹『空港経営と地域―航空・空港政策のフロンティア―』，成山堂書店，2014 年8月

中条潮「新規参入航空会社をめぐる政策課題」，『運輸と経済』第 65 巻第5号，財団法人運輸調査局，2005 年，12-19 ページ

塩見英治「国際航空産業におけるアライアンスと企業統合」，『海運経済研究』第 36 号，日本海運経済学会，2002 年，13-22 ページ

塩見英治『米国航空政策の研究―規制政策と規制緩和の展開―』，文眞堂，2006 年

杉山純子「LCC の成長戦略―破壊的イノベーションを通じた新市場の創出―」，『運輸と経済』第 72 巻第 12 号，財団法人運輸調査局，2012 年，51-58 ページ

長井総和「米国の LCC 事情概観」，『運輸と経済』第 72 巻第 12 号，財団法人運輸調査局，2012 年，29-38 ページ

橋本安男「欧州 LCC の現況について─ LCC ビジネスモデルの深化，リージョナル航空との関わりを含めて─」，『運輸と経済』第 72 巻第 12 号，財団法人運輸調査局，2012 年，39-50 ページ

花岡伸也「ASEAN の航空自由化とローコストキャリア」，『ていくおふ』通巻 116 号，ANA 総合研究所，2006 年，19-25 ページ

花岡伸也「アジアにおける航空自由化の進展とローコストキャリアの展開」『運輸と経済』第 70 巻第 6 号，財団法人運輸調査局，2010 年，40-48 ページ

花岡伸也「到来した LCC の波とわが国の行方」，『ていくおふ』通巻 131 号，ANA 総合研究所，2012 年，2-9 ページ

村上英樹「LCC 参入後の航空市場形態」，『運輸と経済』，財団法人運輸調査局，第 72 巻 12 号，2012 年，15-21 ページ

Alberts, S., Heuermann, C. & K. Benjamin, "Internationalization strategies of EU and Asia-Pacific low fare airlines", *Journal of Air Transport Management*, 16, 2010, pp.244-250

Almadari, F. & S. Fagan, "Impact of the adherence to the original low-cost model on the profitability of low-cost airlines", *Transport Reviews*, Vol.25, Issue. 3, 2005, pp.377-392

Barrett, S. D., "How do the demands for airport services differ between full-service carriers and low-cost carriers?", *Journal of Air Transport Management*, 10, 2004, pp.33-39

Casson, M., "Transaction Costs and the Theory of the Multinational Enterprise", edited by Buckley, P. J. & M., *Casson, The Economic Theory of the Multinational Enterprise*, St. Martin's Press, 1985, pp.20-38

Christensen, M. C., "The Innovator's Dilemma", Harvard Business School Press, 1997（玉田俊平太（監修）伊豆原弓（訳）『イノベーションのジレンマ─技術革新が巨大企業を滅ぼすとき』，翔泳社）.

Dennis, N., "End of the free lunch? The responses of traditional European airlines to the low-cost carrier threat", *Journal of Air Transport Management*, 13, 2007, pp.311-321

Dobruszkes, F., "An analysis of European low-cost airlines and their networks", *Journal of Transport Geography*, 14, 2006, pp.249-264

Dobruszkes, F., "Does liberalization of air transport imply increasing competition? Lessons from the European case", *Transport Policy*, 16, 2009, pp.29-39

Dresner, M., J. S. C. Lin & R. Windle, "The impact of the low-cost carriers on airport and route competition", *Journal of Transport Economics and Policy*, Vol.30, No.3, 1996, pp.309-328

Dunning, J. H., "Trade, Location of Economic Activity and the MNE: A Search for an Eclectic Approach", edited by Ohlin, B., Hesselborn, P. & P. M., Wljkman, *International Allocation of Economic Activity*, Macmillan, 1977, pp.20-38

Evans, N. G., "The UK Air Inclusive-tour Industry: A Reassessment of the Competitive Positioning of the Independent Sector", *International Journal of Tourism research*, 3, 2001, pp.477-491

Forsyth, P., King, J., Rodolfo, C. L. & Trace, K. & Trace, K., *Preparing ASEAN for Open Sky*, AADCP Regional Economic Policy Support Facility (REPSF) Research Project 02/008, 2004

Fuhr, J., T. Beckers, *Vertical Governance between Airlines and Airports-A Transaction Cost Analysis*, CNI-Working Paper No. 2006-04, Berlin University of Technology, 2006

Gillen, D. & A. Lall, "Competitive advantage of low cost Carriers: some implication for airport", *Journal of Air Transport Management*, 10, 2004, pp.41-50

Hanaoka, S., Takebayashi, M., Ishikura, T. & Batari, S., "Low-cost carriers versus full service carriers in ASEAN: The impact of liberalization policy on competition", *Journal of Air Transport Management*, 40, 2014, pp.96-105

Hvass, K., "Airline profitability: Business model nuances and financial impact", The 10th ATRS World Comfarence2006 (CD-ROM), 2006

Hopper, P., "Privatization of airports in Asia", *Journal of Air Transport Management*, 8, 2002, pp.289-300

Ito, II. & D. Lee, *Low Cost Carrier Growth in the U.S. Airline Industry: Past, Present, and Future*, Brown University Department of Economics, 2003

Kerns, C., Paukove, D. & F. Schlapback, *The Battle for the European Leisure Traveler*, Seminar paper within the lecture Aviation Systems, University of St. Gallen, 2009

Morrell, P., "Airlines within airlines: An analysis of US network airline responses to Low Cost Carriers", *Journal of Air Transport Management*, 11, 2005, pp.303-312

Murakami, H. & R. Asahi, "An empirical analysis of the effect of multimarket contacts on US air carrier's pricing behaviors", *Singapore Economic Review*, Vol.51, No.4, 2011, pp.593-600

Porter M. E., "*Competitive Advantage: Creating and Sustaining Superior Performance*", Free Press, 1985 (土岐坤 (訳) (1985)『競争優位の戦略―いかに高業績を持続させるか―』ダイヤモンド社)

Wensveen, L. G., R. Leick, "The long-haul low-cost carrier: A unique business model", *Journal of Air Transport Management*, 15, 2009, pp.127-133

Williams, G., "Compareing the Economic Operating Characteristics of Charter and Low Cost Airlines", edited by O'Connel, J. F. & G., Williams, *Air Transport in the 21th Century*, Ashgate, 2012, pp.185-196

第 8 章　中世末期のハンザ都市の税収について

は じ め に

　ハンザ都市はどの都市も個性的であり，その特徴を総合して語ることは難しい．それは財政構造についても同様である．特に中世末期の財政は多くの都市において歳入，歳出全体が明らかなわけではなく，その特徴を明らかにすることは容易ではない．しかし，断片的であっても，複数都市の税収等の歳入を比較してみると，特徴のごときものは見えてくるのではなかろうか．特に，繁栄期あるいは転換期と捉えられてきた 14 世紀後半から 15 世紀前半のハンザ都市の経済動向を財政面から明らかにすることは，この時期のハンザを評価する上でも重要な意味をもつであろう．そこで本章では，まず，ハンザ圏の政治経済動向を概観した上で，ハンザの領袖で当時の大都市リューベック（Lübeck），それよりも少し人口の少ないハンブルク（Hamburg），ブラウンシュヴァイク（Braunschweig），小規模な都市グライフスヴァルト（Greifswald）の税収を中心とした歳入動向の特徴について，歳出を考慮しつつ比較検討し，ハンザ都市の税収，歳入の特徴の一端を明らかにしてみたい（各都市の位置については地図 1 参照）．

1．14 ～ 15 世紀のハンザ圏の政治動向

　本格的なハンザ史研究が開始された当初，14 世紀前半の都市ハンザの形成期までの商人ハンザの期間は都市ハンザの前史と位置付けられ，14 世紀後半

地図1

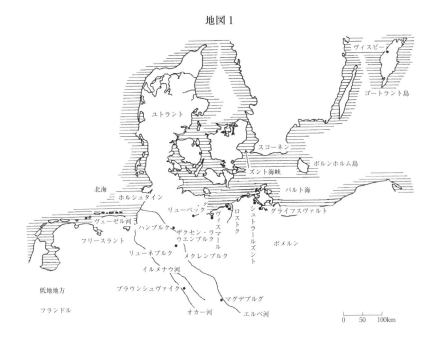

から15世紀末にかけての時期に「栄光の都市同盟」としてハンザは最盛期をむかえたと捉えられた．デーネルの著書の表題が，そうした考え方を示している[1]．しかし，ドランジェは14世紀末からの時期を，ハンザが獲得した最大の対外特権を保守する時期への転換期と捉え[2]，レーリヒは，都市の経済活動において，次第に大規模で自由な冒険的商業が商人組合を中心とした組織的，統制的な商業へと転換していく時期とも捉えている[3]．そうした時期の政治事情をまず概観しておきたい．

　ここで取り上げる各都市は，12〜13世紀に建設され，帝国都市リューベックを除き，他の3都市は領邦都市として都市君主との確執の中で，自立の権利を部分的に徐々に買収，獲得し，おおむね自立した状態で14世紀中葉をむかえたのであった．1360年にはハンザ各都市はデンマークと同盟して，スウェーデンよりスコーネン（Schonen）を奪還し[4]，ホルシュタイン（Holstein）伯によって侵害されていたハンザ特権もデンマークへの4,000リューベックマルク

（Lübeck Mark，以下マルク）の支払いによって手中におさめたのであった[5]．ところが，1361 年にハンザの東西交易路の要所ゴートラント（Gotland）島内のヴィスビー（Wisby）がデンマークによる急襲を受けた[6]．ハンザ側は，即座に対デンマーク商業封鎖を行うとともに，翌年デンマークに宣戦布告をしたが[7]，1365 年にデンマークに惨敗し，屈辱的な条約を締結せざるをえなかった[8]．その後も続いたデンマークの強圧的な勢力拡張政策によって，ハンザ諸都市やスウェーデン王，近隣諸侯等の連帯は強まり[9]，1367 年の再度の戦争でハンザはデンマークに勝利をおさめ，第一次デンマーク戦争は終結した[10]．その結果，1370 年にシュトラールズント（Stralsund）条約が締結され，ハンザはスコーネンの特権，ズント（Sund）海峡の自由通行権や商業拠点等の奪還に成功し，最大の商業特権を掌握したのであった[11]．

　以後も，北欧の混乱が続いただけでなく，イギリスではリチャード（Richard）2 世が自国商人の保護と海外進出を支援してハンザと敵対し，フランドル（Flandern）でも，1378 年には，フランドル伯とハンザは敵対したのである．伯の死後フランドルを併合したブルグント（Burgund）公もハンザ敵視政策をとった．そのため，ハンザは重要な市場であり，布地の供給地でもあるフランドルに対し商業封鎖をしなければならなかった[12]．1392 年にブリュージュ（Brügge）の商館は復活したが，1396 年にはオランダ伯が西フリースラント（Friesland）併合を企てて，1403 年の和解までその地における商取引を禁ずるなど，低地地方の混乱は続いた[13]．

　他方，海上交易路においては，当初ハンザと対立するデンマークを苦しめることを名目に略奪を行ってきた海賊（Vitalienbrüder）が，次第に敵味方の区別なく劫掠を繰り返すようになり，ついには，ボルンホルム（Bornholm）島やゴートラント島のヴィスビーを占領して，ハンザ商業に深刻な影響を与えたのであった[14]．このようなハンザ特権の侵害が 14 世紀末から 15 世紀初頭にかけての時期に生じていたのである．事実，リューベックの貿易は総体的に低調であったし[15]，ハンブルクでも出入船舶総数は減少している[16]．また，ノヴゴロド（Nowgorod）でもロシア人による劫掠，商業妨害が続発し，1388 年にハ

ンザは商業封鎖を行うが，効を奏さず，結局，1407 年には逆に，ノヴゴロド
がハンザ商人を締め出したのであった[17]．プロイセン（Preußen）以東の地域
において，ハンザからの離反や反抗が顕著になったのは，イギリスやオランダ
（ネーデルラント Nederland）の商人が，国家の力の増強を背景として，北海沿岸
地域だけでなくバルト海にも進出したため，必要物資をハンザだけに依存する
必要がなくなったからである．こうしてハンザは，大規模商業の拠点である各
商館やバルト海地域において行ってきた旧来の自由で独占的な商業を，外国商
人によって次第に阻まれていったのである．このように最大限の対外商業特
権を掌握したとはいえ，ハンザを取り巻く環境は厳しいものであり，14 世紀
末から 15 世紀初頭にかけてそれを背景に各都市では市民抗争も勃発したので
あった[18]．

　15 世紀になると，ブルグント領となっていたフランドルではアントワープ
（Antwerpen）の台頭とともにブリュージュの地位が低下し，しかもその地にお
けるハンザ特権の侵害はブリュージュ商館の移転問題に発展したが，ケルンや
ドイツ騎士団（Deutscher Orden）はリューベックが主導する移転という強硬策
に反対するなどハンザ内部の不統一を露呈する結果となった．こうした状況下
でオランダが急激に台頭していくのであった[19]．

　北欧においては，デンマークが再び台頭し，イギリス，オランダとを優遇
するなど反ハンザ政策をとってきたが，1426 年にはエリク（Erich）7 世とハ
ンザ間はシュレスヴィッヒ（Schleswig）をめぐり戦闘に発展した（第二次デン
マーク戦争）．さらにノルウェー，スウェーデンの国王を兼ねた後継クリストフ
（Christoph）3 世はズント海峡の通行税を徴収しはじめた．以後，北欧三国間は
対立し，王権と貴族が対立するなど混乱状態が続いた．バルト海東部について
いえばプロイセンの紛争により混沌としていたし，デンマーク，スウェーデン
戦争ではリフラント（Livland）都市とダンチヒ（Danzig）がそれぞれの側にたっ
て対抗するなどハンザもその混乱に巻き込まれていったのである．そうした社
会的混乱は，本章で取り上げる都市の中では，バルト海商業が重要であったと
思われるポメルン（Pommern）の領邦都市グライフスヴァルトで特に深刻であっ

地図2

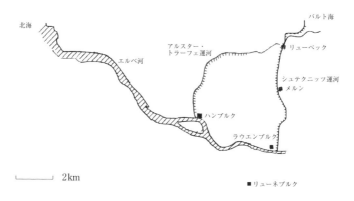

たと推察される．さらに，イギリスのハンザ圏進出もハンザにとっては深刻な問題となっていくのである[20]．

こうしたハンザ圏の動向とは別に，各都市にはそれぞれの地域事情や都市内事情があった．リューベックは自立した帝国都市であったが，14世紀後半以降，ザクセン・ラウエンブルク（Sachsen・Lauenburg）領を通過する主要交易路，特にシュテクニッツ（Stecknitz）運河の建設，安全維持のため，同地域で莫大な土地不動産を市民とともに購入している（地図2参照）．それらとも関連した増税に対し，1380年，1408年に市民抗争が勃発した．ブラウンシュヴァイクでは，都市君主であるヴェルフェン（Welfen）家の家系間紛争に対応して，その戦費貸与を求められた市は彼らの所有地を担保として貸し付けたり，購入することにより経済的に支援した．その多大な支出に対し市政を担う市参事会（Rat）は，市民への増税によって財政収支を改善しようとしたが，1374年には市民抗争が生じて旧来の参事会は打倒され，新参事会が結成されることとなった．ハンブルクでも，都市君主ホルシュタイン伯のハンザ敵視政策に苦しみ，都市内でも流血の惨事には至らなかったものの，1376年，1410年に市民による反市政運動を経験したのである[21]．

2．14世紀後半から15世紀前半のハンザ都市の税収

　図1のように，リューベックでは直接税の財産税（Schoß）は税率の低下によって減収になった後も低下し続けた[22]．それに対し，間接税のうち関税収入は増加を続け，多額の歳入をもたらした．特にリューネブルク（Lüneburg）塩の輸送路であるシュテクニッツ運河からは15世紀後半には2,500から3,500マルクもの収入があり[23]，15世紀後半には直接税収入総額を超えている．さらにハンブルクとリューベック間を最短で結ぶアルスター・トラーフェ（Alster・Trave）運河からのホルステンブリュッケ（Holstenbrücke）関税も少ない時で300マルク，多い時には900マルクにものぼった．小額ではあるが造船税を加えた間接税総額は，15世紀の40年代の直接税の課税緩和とともに直接税を超え，以後市の歳入において間接税収入が勝るようになった[24]（図2，地図2参照）．そのうちシュテクニッツ関税は，フランスの大西洋岸地域よりもたらされるベイ塩（Baiensalz）のバルト海地域への流入にもかかわらず，リューネブルク塩が15世紀から16世紀に向けてリューベック財政を支える歳入としての比重を増してさえいることを示しているともいえよう．しかし15世紀末以降，直接税同様間接税も増収にはならず，都市リューベックの経済が停滞していたことも示している[25]．

　ハンブルク市の財政規模は，15世紀初めから中頃までの史料は失われており，その以前と以後の数字から推測するしかないが，北欧デンマークとの抗争が続き，海賊の被害に苦しめられた14世紀後半から，周辺地域が多少落ち着いた15世紀の後半にかけてその歳入は約5倍に成長している．歳入の内訳では，財産税，相続税等の直接税収入は，14世紀以降増加を続けている[26]．財産税の課税者数は，15世紀後半の時期には減少したとの指摘もあるが[27]，市の人口増加ともあいまって[28]，1376年の1,350名から1499年の約2,000人に増加しているのは事実である．14世紀後半から16世紀にかけて，ハンブルクでは納税者中の中位の納税者が減少し，少額納税者が増大する傾向にあったともいわれるが，市政の中心となる多額納税者の上層市民はかなり増加したのも

図1 15世紀リューベックにおける財産税収入とシュテクニッツ運河の関税収入

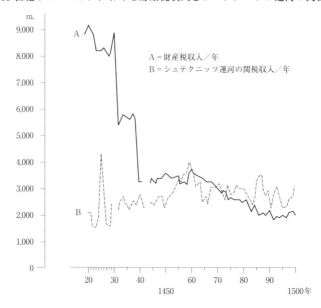

図2 15世紀リューベックにおけるホルステンブリュッケ関税収入

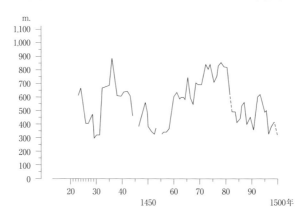

(注)　(図1～2)　単位 m. はリューベックマルク (Lübeck Mark).
(出所)　R. Hammel, Häusermarkt und wirtschaftliche Wechsellagen in Lübeck von 1284 bis 1700. Hansische Geschichtsblätter. 106. 1988. S. 77. 80f. 107. J. Hartwig, Lübecker Schoß bis zur Reformationszeit. Leipzig 1903. S. 192f.

事実である[29]. しかし，直接税が市の歳入全体に占める割合は 16 世紀中葉まで一貫して低下し，16 世紀以降おおむね 20% 以下で推移している．逆に間接税（消費税）の額は増加し，16 世紀中葉には財産税，相続税の総額に近づくに至る[30].

ハンブルクでは消費税等の間接税は，ビール消費税（Bierakzise）から 1444 年に居酒屋税（Krügerakzise）へと変更されるなどの変化があったにせよ，増加を続け，それとともに間接税による歳入は増加している[31]. すなわち，オランダのビール生産によって一時停滞したハンブルクのビール醸造業も，15 世紀初め以降の生産調整，品質管理の強化の結果，15 世紀末にはハンブルクビールの輸出量は 10 万 hl（ヘクトリットル）にもおよび，しかも 5 万 hl はオランダに輸出されるなど[32]，良質かつ安定した量のビール供給を実現させた．16 世紀には生産量の減少など停滞も経験したが，最終的には市内におけるハンブルク産のビール消費の増大をもたらし，間接税の増収に貢献したと考えられるのである[33].

関税収入のうち，水門や灯台の維持管理のために早くから設けられていた船

表 1　14 世紀後半から 16 世紀初頭のハンブルクの歳入

（金額は年平均，m. はリューベックマルク）

費目 ＼ 年	1350-1400		1461-1496		1497-1521	
直　接　税	2,713m.	59%	6,074m.	26%	6,789m.	26%
間　接　税（消費税）	119	3%	2,130	9%	1,938	7%
関　税[①]	288	6%	2,732	12%	2,644	10%
レンテ関係収入	199	4%	2,068[②]	9%	3,531[③]	13%
借　入　金	180	4%	3,428[②]	15%	5,453[③]	21%
そ　の　他	1,089	24%	6,815[②]	29%	6,017[③]	23%
合　計	4,588m.		23,247m.		26,372m.	

（注）　① 1491-96 年に Tonnengeld, Grafenzoll, Esslinger Zoll が新設．② 1461-1500 年　③ 1501-21 年

（出所）　P. C. Plett, Die Finanzen der Stadt Hamburg im Mittelalter（1350 - 1562）. Phil. Diss. Hamburg Univ. 1960. S. 79, 247. Vgl. H. Potthoff, Die öffentliche Haushalt Hamburg im 15. und 16. Jahrhundert. Zeitschrift des Vereins für hamburgische Geschichte. Bd. 16. S. 11 ff.
斯波照雄『ハンザ都市とは何か―中近世北ドイツ都市に関する一考察―』中央大学出版部，2010 年，76 ページ．

舶を対象としたヴェルク（Werk）関税は，14世紀後半から15世紀後半に約5倍余に増加している——早い時期から関税は目的税として徴収され，それ故に容易に受け入れられたであろう点にも注目すべきであろう——．15世紀中頃以降には関税収入の割合は全歳入における約10％を維持し，以後ほぼ順調に成長したのである．それと並行して財政規模も拡大したことからは，市経済もまた紆余曲折を経つつもおおよそ順調に成長していったことが推測できるのである[34]．しかしながら，ハンブルクでは14世紀後半から15世紀後半にかけて，事実上の借入金である市債の販売による収入金額の総額やその歳入における割合の増加が見られ，経済成長を続けながらも不安材料も増加していたことも事実であった．

　1374年の政変によってハンザから除名処分を受け，1380年の除名解除まで経済の停滞に苦しんだ内陸のハンザ都市ブラウンシュヴァイクであったが，除名解除後の諸改革を通じ，15世紀初頭には経済的安定を取り戻していった。市の財政収入は，10年代半ばまでは現状維持で，順調には伸びていないように見えるし，歳出が歳入を上回る年も少なくない（以下表2参照）．しかし，市財政の安定と「繁栄」は，市民への直接税の課税軽減にもかかわらず，1401年の市の歳入が1388年のそれよりも100ブラウンシュヴァイクマルク（Braunschweig Mark，以下Bマルク）多く[35]，1389年には29,513Bマルクであった市債発行残高が，1406年には8,159Bマルクにまで減少していることからも推察できるのである[36]．29,513Bマルクはリューベックマルクに換算すると73,875マルクに相当する．したがってその額は，ハンブルクの14世紀後半の平均歳入の実に16年分にも相当する金額であった．こうした負債の減少によって，市の信用も回復し，市債のうち永代レンテ（Ewigrente）の年「利率」は1397年には7％，1399年には6％，さらに後には4％へと低下した[37]．

　しかし，1415，16年には近隣に居住する貴族との紛争，1420年にはブラウンシュヴァイク公，リューネブルク公やヒルデスハイム（Hildesheim）司教との戦争が勃発するなど，市周辺はなお平和を維持することはできなかった[38]．それは，1414〜16年には軍備，戦費のために多額の支出が記録され，1422年

表2　15世紀初頭のブラウンシュヴァイクの歳入

項目	1400年	1401	1403	1406	1411	1412	1413	1414	1415	1416	1417
ビール関税		94	143	121.5	84	105.5	124	169.5	125.5	89.5	120
ビール消費税		192	182	282	298	287.5	267.5	276.5	337	315.5	343
ビール関連税合計		286	325	403.5	382	393	391.5	446	462.5	405	463
ワイン税		120.5	115	114.5	96.5	103	69.5	108.5	56.5	161.5	126
穀物製粉税	518.5		283	340.5	280.5	348	312.5	380	345.5	314	320.5
間接税合計	1,856.5	406.5	723	858.5	759	856	841.5	1,001.5	924.5	939	967
直接税合計		1,482.5	1,490	1,139	1,139.5	1,144	1,193	1,209.5	1,182	1,205	1,205
税収総額	2,375	1,889	2,213	1,997.5	1,898.5	2,000	2,034.5	2,211	2,106.5	2,144	2,172
事業収入	654.5	856	122.5	204.5	148	147	181	152	152	141.5	151.5
寄付金			499.5	359	149.5	153	417.5	128	2,263	1,203	1,311
歳入総額	3,029.5	2,745	2,835	2,561	2,196	2,300	2,633	2,491	4,521.5	3,487.5	3,635
ビール消費税／間接税		47%	25%	33%	39%	34%	32%	28%	36%	33%	36%
ビール関連税／間接税		70%	45%	47%	50%	46%	47%	45%	50%	43%	48%
ビール消費税／歳入総額		7%	7%	11%	14%	13%	10%	11%	8%	9%	9%
ビール関連税／歳入総額		10%	11%	16%	17%	17%	15%	18%	10%	12%	13%

項目	1418	1419	1420	1421	1422	1423	1424	1425	1426
ビール関税	115	130.5	121.5	72.5	116.5	147.5	159.5	139	143
ビール消費税	328	285.5	328	385.5	403.5	351	391.5	391.5	438
ビール関連税合計	443	416	449.5	458	520	498.5	551	530.5	581
ワイン税	92	107	65.5	87	80	80	61.5	80.5	99
穀物製粉税	358	401	391.5	438	395.5	423	408	420	404
間接税合計	953	990.5	976.5	1,051.5	1,076.5	1,074.5	1,116	1,126	1,164
直接税合計	1,199	1,251.5	1,263.5	1,263.5	1,346	1,366			
税収総額	2,152	2,242	2,240	2,315	2,422.5	2,440.5			
事業収入	17	92.5	118.5		152	152.5			
寄付金		754.5	756		945	418			
歳入総額		3,089	3,114.5		3,519.5	3,011			
ビール消費税／間接税	34%	29%	33%	36%	37%	32%	35%	35%	38%
ビール関連税／間接税	46%	42%	46%	43%	48%	46%	49%	47%	50%
ビール消費税／歳入総額	9%	9%	11%	11%	11%	12%			
ビール関連税／歳入総額	13%	13%	14%	15%	15%	12%			

(注)　①金額の単位はブラウンシュヴァイクマルク (Braunschweig Mark). なお、ブラウンシュヴァイクの通貨は以下のように換算される.
1 Br. m.　= 1.5 pfund (pfd.) = 4 ferding (f.) = 16 lot (l.) = 64 quentin (q.)
　　　　= 30 schilling (s.) = 360 pfennig (pf.) = denarius (d.)
　　　　= 3.45 Lübeck Mark
②レンガ工場と採石場からの収入.

(出所)　Die Chroniken der deutschen Städte vom 14. bis ins 16. Jahrhundert. Hrsg. durch die historische Kommission bei der Bayerischen Akademie. Bd. 6. S. 121–288. Urkundenbuch der Stadt Braunschweig. Hrsg. v. L. Hänselmann/H. Mack. Braunschweig. Bd. 1. S. 79–214. O. Fahlbusch. Die Finanzverwaltung der Stadt Braunschweig 1374–1425. Untersuchungen zur deutschen Staats- und Rechtsgeschichte. Bd. 116. Breslau 1913 (1970). S. 166ff. H. Dürre, Geschichte der Stadt Braunschweig im Mittelalter. Braunschweig 1861. S. 314–347. より作成.

第 8 章　中世末期のハンザ都市の税収について　195

にもそれを上回る高額な戦費が支出されていることからもわかる．その際注目すべきは，その時期の 1415 年には富裕な上層市民が 2,000B マルク以上，1416 年，17 年には 1,000B マルク以上の戦費，軍備費を超える多額の寄付を市にしていることである．それは 1415 年にはブラウンシュヴァイクの歳入の半分，同年の税収に相当する額であり，ハンブルクの 14 世紀後半の歳入額の約 1 年半分にも相当する寄付金額であった．市や地域の自立，治安維持を目的とした支出の結果の経済的窮状に対応した市民の行為であるとすれば，まさに市民自治の原点の一つともいえよう [39]．

　レンガ製造場と採石場からの事業収入も 1418 年のようにきわめて少額の年もあり，そして 1410 年代では 1413 年を除き支出が収入を上回り，特に 1418，19 両年の収入額は少ない．しかし 1420 年代に入ると事業収入額は回復し，1423 年，24 年には収入が支出を大きく上回るに至った．この施設は市の事業収入を得る目的もあったであろうが，それ以上に公共建造物等の建設のための資材を確保し，公共建造物等の維持のためのものであったと思われ，市によって収入を超えた公共施設の建設，維持が着実に行われていたことが推測される．しかも，その収支は 1420 年代には健全化していき，この時期には市経済の安定が進展していたことが推測されるのである [40]．

　ブラウンシュヴァイクでは，各市民の直接税額負担が次第に低下している．その原因の 1 つは直接税の課税率の引き下げであった．すなわち，1388 年と 1404 年以降を比べると，直接税の財産税と，特に住居外の不動産の所有者など富裕市民に多く課された特別財産税は 1/4 に軽減されている．特別財産税は財産税の 12 倍の課税額であり，その低下は歳入に大きな影響を与えたであろう．直接税総額は確かに 1400 年から負担が半分になった 1404 年以降では減少しているのがわかる [41]．直接税軽減とも関連して，税収は 1410 年代前半には低迷したが，後半に入るとわずかながらその総額は増加している．

　市外からの輸入ビールに課された関税収入は，年によって数値にばらつきはあるものの増大し，ビールの消費税収入も 15 世紀初頭の約 20 年間で 2 倍に増加した．穀物製粉に課された間接税も 1410 年代末頃には 400B マルクにも達し

た（ただしその収入の約半額は施設の維持費として支出されていた）．その結果，間接税総額は 20 年代には 1,000B マルクを超え，直接税の 80％弱，歳入総額の 45％となるなど，市による間接税の課税強化があったにせよ，間接税収入は増大し，市の経済が好況に向かったことを示しているといえよう．

ところが，そうした市の好況を反映して，その信用の増大から市債の年「利率」が低下しているにもかかわらず，市の支出した「利息」総額はわずかながら増加し始める．すなわち，市の歳入不足に対応して発行された市債の発行残高が 15 世紀初めから再び増加に転じ，1413 年には 10,420B マルクに，1416 年には 11,268B マルクへと少しずつではあるが増加していき，すでに税収の 4-5 年分にも達した．1420 年代には市の財政規模が拡大する中で，その「利息」の歳出に占める割合も 30％を越えていくのである [42]．1410 年代末以降，市経済が成長し，他方で周辺地域において平和が維持されない状況下で，市は市債発行によって資金を集めて封建権力者への経済的支援を行うとともに都市周辺地域の重要拠点を取得せざるをえなかったと考えられるのである [43]．それは，直接税の課税軽減により高い納税能力のある経済的上層の税負担が軽減され，他方で間接税の増収からは結果として中下層の経済的負担の増加が推測され，市民の経済的格差が増大したであろうと予測されることとともに，市がなお多くの課題を内包していたことを示しているといえよう [44]．

グライフスヴァルトの場合，14 世紀末〜15 世紀初頭の人口についてラインケが 15 世紀初頭の人口を 9,000 人と推定するのに対し，カティンガーは 15 世紀中頃の人口を 2,000 〜 10,000 人とし，1500 年頃は 4,500 人とするなど人口規模は明らかでない．それは当時の人口を推定できる史料がないことを示しているともいえよう [45]．14 世紀末のポンド税の徴収額は人口 13,000 人と推定される近隣都市シュトラールズントの約半額であり，また，1362 年，68 年および 1399 年の戦時におけるハンザへの提供兵力は約 4 割から 5 割であることがわかる [46]．両都市の経済状況がそれほど変わらないとすれば，グライフスヴァルトの都市規模は 6,000 人から 6,500 人程度と推測することもできよう．

歳入を上回る歳出に補填される借入金や土地購入への支出など全体が明らか

でなく，しかも都市の規模から考えると財政台帳（Kämmereibuch）の数字が財政全体を示すものであるかも明らかでない．例えば人口2倍程度と推定される都市規模である前述のシュトラールズントの1362年の歳入額は3,430マルクであるのに対し，直近の1365年のグライフスヴァルトの歳入額は359マルクにすぎない[47]．グライフスヴァルトの歳入の貨幣単位が同じリューベックマルクであるとすれば，実に市の歳入の約10倍，ズントマルク Sundisch Markであったとしても約6.4倍にも達しているからである[48]．それゆえ単純に比較はできないが，明らかとなる費目の増減等から都市経済の動向はある程度把握可能であろう．

　グライフスヴァルト市の財政のうち，財政台帳から明らかとなる範囲では，歳入は表3のように14世紀後半から14世紀末にかけて緩やかに上昇傾向にあった．1400年に歳入の減少が見られるものの，9年後には14世紀末の水準に回復した．それに対し歳出は，1390年に急増したものの，それ以外の年では微増を継続して15世紀初頭まで推移した．ここからは市の緩やかな経済発展と14世紀末に向けて公共施設の建設や必要物資の調達に関する費用の増大や，少なくとも14世紀末まで，農地や不動産などからの収入が若干増加していたことから都市内外における市有財産の増加や，市勢の多少の強化をうかがい知ることができるように思われる．それは戦時におけるハンザへの提供兵力が，1362年，68年の対デンマーク戦争時から1399年の海賊との戦い時へとわずかに上昇していることからもわかるのである[49]．しかし，手工業品生産場，販売所など商工業施設の利用料があまり増大しておらず，市の歳入に占める割合を低下させていることからは，むしろ市の商工業の停滞すら感じさせる．税収は財産税である直接税しか明らかにならないが，税額も納税者数も14世紀末を頂点に低下しているが，その後回復しているようにも見える．直接税収入の歳入に占める割合は低下しており，市の歳入がより広い分野から集められるようになったことを示しているといえよう．しかし，15世紀前半，後半と市によるハンザへの提供兵力や人口が減少していることからは，以後必ずしも市経済が順調に推移していたようには思えないのも事実である[50]．

198

表3 14世紀後半から15世紀初頭のグライフスヴァルトの歳入

（単位：m はマルク，s はシリング，pf はペニニヒ）

	1361年	1365	1370	1375	1380	1385	1390	1395	1400	1405	1409
地代	20m6s	22m14s	16m10s	29m15s	28m14s	48m1s	51m10s	55m2s	55m5s	51m10s	48m12s
水車浴場等施設利用料	49m	46m	54m4s	58m12s	42m8s	46m	46m	51m	63m	69m	70m2s
事業収入				7m4s		112m4s6pf	121m5s6pf	30m3s	110m1s6pf	80m13s	104m2s6pf
商工業施設利用料	168m6s	206m14s	171m6s	182m10s6pf	197m8s6pf	203m7s	204m15s	192m4s6pf	188m3s	196m7s	197m8s6pf
村落、農地からの収入	162m6s	83m8s	89m8s	77m10s	100m12s	89m2s	99m11s6pf	110m14s	98m4s	92m6s	97m8s
財産税					45m14s	57m1pf	50m6s6pf	62m7s8pf	66m7s	46m6s8pf	61m11pf
被課税者					41人	47人	39人	45人	35人	39人	44人
納税者					26人	43人	36人	32人	30人	28人	35人
罰金				20m14s6pf	105m13s8pf	141m12s8pf	94m3s	178m7s	121m3s6pf	114m14s6pf	91m1s6pf
その他						5m	25m6s	155m8s	38m	58m	225m6s4d
合計	400m2s	359m4s	332m	378m2s	520m14s2pf	704m14s3pf	724m14s6pf	973m13s8pf ①	784m12s	836m15s2pf ②	933m1s9d ③

（注）財政台帳では① 1107m ② 970m10s8pf ③ 1009m96pf
（出所）G. Fengler, Untersuchungen zu den Einnahmen und Ausgaben der Stadt Greifswald im 14. und beginnenden 15. Jahrhundert (besonders nach dem Kämmereibuch von 1361–1411). Greifswald 1936.

また，財政収支は歳出額の判明する 1375 年以降常に赤字で，特に 1390 年には約 650 マルクにもおよぶ財政赤字を計上している．この差額は，おそらくは市債の発行などによりまかなわれたであろうが，財政帳簿には市債やその「利息」に関する記述はない[51]．想定される「利息」の支出をも考慮に入れるならば，グライフスヴァルトの経済事情はより一層厳しいものであったと思われるのである．

おわりに

本章で取り上げた 4 都市は，規模も存在する地域の事情も異なり，単純に比較することはできないが，これまで述べてきた各都市の税収や歳入全体の共通点や傾向を中心に整理しておきたい．

ハンザ都市の直接税収入はハンブルクでは順調に増加していたと推測され，リューベック，ブラウンシュヴァイクでは直接税の課税が軽減されていたこともあり，15 世紀初頭には減収となった．しかし，ブラウンシュヴァイク，グライフスヴァルトでは減収になった後に微増に転じているのに対し，リューベックでは以後も減収が続き，直接税の税収から見る限りでは 4 都市の中ではリューベック市の経済力の低下が顕著であったことが明らかであった．他方，税の直間比率については，間接税収入が明らかにならないグライフスヴァルト以外の 3 都市では関税，消費税などの間接税の割合が上昇している点が共通している．ハンブルクの 15 世紀前半の税収は不明だが，14 世紀後半と 15 世紀後半を比較すると同様の傾向は明らかであり，15 世紀前半に税制の大きな変化があったことが推測される．間接税では課税率の変化や新税の創設など課税強化もあり，税収や歳入額がそのまま経済力の動向を示すものではないが，グライフスヴァルトを除く 3 都市とも関税や消費税などが減収とは思われず，歳入総額ではリューベックで 15 世紀初め以降減少が見られるものの，14 世紀後半から 15 世紀前半にかけてハンザ都市は置かれた厳しい政治的環境にもかかわらず，おおむね経済動向が特に悪化していないことを示しているのではなか

表4 財政政策が争点となった 16 世紀末-17 世紀初の抗争

都 市 名	年
ヴィスマール	1595-1600
リューベック	1598-1605
シュトラールズント	1612-1616
グライフスヴァルト	1613-1623

（出所） U.Rosseaux, Städte in der Frühen Neuzeit. Darmsstadt 2006. S. 65f.

ろうか.

　しかし以後も，ハンザ都市における税収不足は深刻で，一方において市債発行等によって財政不足を補うとともに，様々な課税強化策が実施されるが，表4のように，16，17 世紀にも各都市で市民の抗議活動，抗争が勃発するなど，ハンザ都市の以後の展開には紆余曲折があったと考えられるのである[52].

　付記　本稿は中央大学特定課題研究費による研究成果の一部である.

1）　E. Daenell, Die Blütezeit der deutschen Hanse. Hansische Geschichte von der zweiten Hälfte des 14. bis zum letzten Viertel des 15. Jahrhunderts. Bd. 1, 2. Berlin 1905, 1906. Vgl. T. Lindner, Die deutsche Hanse, Ihre Geschichte und Bedeutung. Leipzig 1899. D. Schäfer, Die deutsche Hanse. Bielefeld 1903.

2）　Ph. Dollinger, La Hanse. Paris. 1964. 独訳 Die Hanse. Stuttgart 1966. 以下英訳 The German Hansa.Translated by D. S. Ault/S. H. Steinberg. London 1970. pp. 186ff.

3）　F. Rörig, Hansische Beiträge zur deutschen Wirtschaftsgeschichte. Breslau 1928. S. 139ff. Vgl. A. v. Brandt, Geist und Politik in der lübeckischen Geschichte. Lübeck 1954.

4）　Dollinger, op. cit., p. 67.

5）　1361 年 5 月 19 日支払い. Dollinger, ibid., p. 67. W. Stieda, Das Schonenfahrergelag in Rostock. Hansische Geschichtsblätter （以下 HGbll と略す）. 19. 1890/91. S. 123. なお，リューベックマルクは，リューベック，ハンブルクなどヴェンド諸都市 Wendische Städte の通貨であるが，ハンザ都市全体の基軸通貨でもあった.

6）　Stieda, ibid., S. 123f.

7）　Dollinger, op. cit., pp. 68f, 128, 211.

8）　Hanserecesse. Die Recesse und andere Akten der Hansetag. 1256 - 1430.

第 8 章　中世末期のハンザ都市の税収について　201

Hildesheim 1975. Bd. 1. Nr. 370. 1365 年 10 月 22 日調印.

9)　Dollinger, op. cit., pp. 67-70. 彼らにとって脅威であったデンマークを解体, 分割を目的とした 1369 年までの 1 年間の同盟が締結された.

10)　Dollinger, ibid., pp. 68f. 個別の同盟の集合の結果として対デンマーク同盟が成立した. シュトラールズント条約に至るハンザ各都市の周辺事情のうち, とりあえずリューベックについては, Dollinger の文献のほか C. Wehrmann, Überblick über die Geschichte Lübecks. Lübeck. S. 13-17. 参照.

11)　Rörig, op. cit., S. 139ff.

12)　Dollinger, op. cit., pp. 72-78. Daenell, Die Blütezeit der deutschen Hanse. Bd. 1. S. 79-87.

13)　H. P. Baum, Hochkonjunktur und Wirtschaftskrise im spätmittelalterlichen. Hamburg. Hamburger Rentengeschäfte 1374-1410. Beiträge zur Geschichte Hamburgs（以下 BGH と略す）. Bd. 11. Hamburg 1976. S. 134f.

14)　Baum, ibid., S. 128ff. Vgl. K. Koppmann, Der Seeräuber Kraus Störtebeker in Geschichte und Sage. HGbll. 7. 1877. S. 35ff.

15)　W. Koppe, Lübeck-Stockholmer Handelsgeschichte im 14. Jahrhundert. Abhandlungen zur Handels- und Seegeschichte im Auftrage des hansischen Geschichtsvereins. Bd. 2. Neumünster 1933. S. 6-14, 109-111. F. Bruns, Die Lübecker Bergenfahrer und ihre Chronistik. Quellen und Darstellungen zur Hansischen Geschichte（以下 HGq と略す）. Neue Folge. Bd. 2. Berlin 1900. S. XXXV, XLV-L. Revaler Zollbücher und -Quittungen des 14. Jahrhunderts. v. W. Stieda. HGq. Bd. 5. Halle 1887. S. LVII.

16)　R. Sprandel, Das Hamburger Pfundzollbuch von 1418. HGq. Neue Folge. Bd. 18. Köln 1972. S. 57.

17)　Hansisches Urkundenbuch. Bearb. v. K. Kunze. Halle 1896. Bd. 4. Nr. 935. Bd. 5. Nr. 799.（1407.7.12）

18)　斯波照雄『中世ハンザ都市の研究―ドイツ中世都市の社会経済構造と商業―』, 勁草書房, 1997 年, 89-108 ページ.

19)　Dollinger, op. cit., pp. 298-302. W. Stein, Die Burgunderherzöge und die Hanse. HGbll. 29. 1902. S. 27-42. E. Daenell, Holland und die Hanse im 15.Jahrhundert. HGbll. 31. 1904. S. 1-41.

20)　Dollinger, ibid., pp. 302-310. W. Stein, Die Hanse und England beim Ausgang des hundertjährigen Kriegs. HGbll. 46. 1921. S. 27ff.

21)　斯波『中世ハンザ都市の研究』参照.

22)　J. Hartwig, Lübecker Schoß bis zur Reformationszeit. Leipzig 1903. S. 192f.

23)　シュテクニッツ関税はリューベックとラウエンブルク公との間で折半されてい

た．Lübeckisches Urkundenbuch. Hrsg. v. Verein für Lübekische Geschichte und Altertumskunde. Lübeck 1877. Bd. 5. Nr. 295.

24) R. Hammel, Häusermarkt und wirtschaftliche Wechsellagen in Lübeck von 1284 bis 1700. HGbll. 106. 1988. S. 76‐81.

25) 斯波照雄『ハンザ都市とは何か―中近世北ドイツ都市に関する一考察―』，中央大学出版部，2010 年，59‐70 ページ．

26) W. Bing, Hamburgs Brauerei vom 14. bis 18. Jahrhundert. Zeitschrift des Vereins für hamburgische Geschichte（以下 ZVhG と略す）. 14. 1908. S. 308. クーリッシャーが 16 世紀以降ハンブルクが急激に発展をしたとするのもかかる数字等が根拠となっているのかもしれない．しかし，歳入の急増は間接税など課税強化の結果でもあったことも看過すべきではなかろう．J. Kulischer, Allgemeine Wirtschaftsgeschichte des Mittelalters und der Neuzeit. Bd. 2. München 1928（1976）. S. 256.

27) H. Raape, Der Hamburger Aufstand im Jahre 1483. ZVhG. Bd. 43. S. 2.

28) ラインケによれば，市の人口は 1376 年には約 8,000 人，1496 年には約 14,000 人であったという．H. Reincke, Bevölkerungsprobleme der Hansestädte. HGbll. 70. 1951. S. 21, 28.

29) Reincke, ibid., S. 27f. 1499 年に財産税は値上げされているが，その税収は 15 世紀後半から 16 世紀にかけて上昇し，さらに，それは 1563 年から 1630 年には 6 倍以上にも増加したのである．Vgl. F. Voigt, Der Haushalt der Stadt Hamburg 1601 bis 1650. Hamburg 1916. S. 47.

30) K. Zeiger, Hamburgers Finanzen von 1563‐1650. Hamburger Wirtschafts- und Sozialwissenschaftliche Schriften. Heft 34. Rostock 1936. S. 135‐144, 148‐151. すでに 20 世紀初頭にポットホフによって同時期のハンブルクの歳入，歳出が算出されている．若干数字は異なるが大きな違いはない．Vgl. H. Potthoff, Der öffentliche Haushalt Hamburg im 15. und 16. Jahrhundert. ZVhG. 16. S. 11. Vgl. Voigt, ibid., S. 44f.

31) P. C. Plett, Die Finanzen der Stadt Hamburg im Mittelalter（1350‐1562）. Phil. Diss. Hamburg Univ. 1960. S. 247.

32) Hamburgische Burspraken 1346 bis 1594 mit Nachträgen bis 1699. Bearb. v. J. Bolland. Veröffentlichungen aus dem Staatarchiv der Freien und Hansestadt Hamburg. Hamburg 1861（1971）. Teil 2. S. 128, 234ff. Bing, op. cit., S. 293. H. Huntemann, Bierproduktion und Bierverbrauch in Deutschland vom 15. bis zum Beginn des 19. Jahrhunderts. Phil. Diss. Göttingen Univ. 1970. S. 31. 斯波『ハンザ都市とは何か』，154‐157 ページ．

33) Daenell, Die Blütezeit der deutschen Hanse. Bd. 1. S. 266f. 高村象平『ドイツハ

ンザの研究』，日本評論新社，1959年，130ページ．C. v. Blanckenburg, Die Hanse und ihr Bier. Brauenwesen und Bierhandel im hansischen Verkehrgebiet. HGq. Neue Folge. Bd. LI. S. 33 - 57. Vgl. K. -J. Lorenzen-Schmidt, Bier und Bierpreise in Schleswig-Holsteins Städten zwischen 1500 und 1560. Studien zur Sozialgeschichte des Mittelalters und der Neuzeit. Hrsg. v. F. Kopisch/K. -J. Lorenzen-Schmidt. Hamburg 1977. S. 132ff. Huntemann, ibid., S. 40, 245.

34） 外見上ハンブルクは少なくとも14世紀末以降，一時期の減退期を経験しつつも確実に経済的成長を遂げていたと言えよう．斯波『ハンザ都市とは何か』，71-87ページ参照．Plett, op. cit., S. 247, 254f. Hamburg Weg zum Haushaltsplan. Städteforschung. Reihe C/6. Bearb. u. Hrsg. v. H. -J. Bohnsack. Köln 1993. S. XLIV - LXI. P. Gabrielsson, Struktur und Funktion der Hamburger Rentengeschäfte in der Zeit von 1471 bis 1490. BGH. Bd. 7. Hamburg 1971. S. 105. Zeiger, op. cit., S. 51-80. なお，ヴェルク関税については Voigt, op. cit., S. 71f. 参照．

35） Die Chroniken der deutschen Städte vom 14. bis ins 16. Jahrhundert. Hrsg. durch die historische Kommission bei der Bayerischen Akademie der Wissenschaften（以下 CS と略す）．Bd. 6. S. 178. O. Fahlbusch, Finanzverwaltung der Stadt Braunschweig 1374-1425. Braunschweig 1913 (1970). S. 20.

36） デュレによれば，譲渡できないが「利率」の高い年金 Leibrente が5,835Bマルク，相続が可能な永代レンテが2,324Bマルクで，総額8,159Bマルクであったという．H. Dürre, Geschichte der Stadt Braunschweig im Mittelalter. Braunschweig 1861. S. 180. 市債には，この他に譲渡可能で満期期限のある定期レンテ Ewigrente があった．斯波『ハンザ都市とは何か』，34ページ参照．

37） Fahlbusch, op. cit., S. 171. CS. Bd. 6. S. 25.

38） Fahlbusch, ibid., S. 152f.

39） Fahlbusch, ibid., S. 134.

40） Fahlbusch, ibid., S. 125ff. 斯波照雄「中世末期ハンザ都市ブラウンシュヴァイクの財政」，『商学論纂』第54巻第6号，2013年，438-439ページ．

41） Fahlbusch, ibid., S. 103f.

42） 城，土地以外では，1406年までに製粉所に3,000Bマルク支出されている．CS. Bd. 6. S. 178. Fahlbusch, ibid., S. 20f, 177f, 193.

43） H. Germer, Die Landgebietspolitik der Stadt Braunschweig bis zum Ausgang des 15. Jahrhunderts. Göttingen 1937. S. 40.

44） 斯波『ハンザ都市とは何か』，88-108ページ．斯波「中世末期ハンザ都市ブラウンシュヴァイクの財政」，437-442ページ．

45） Reincke, op. cit., S. 6. D. Kattinger, Die Stadtentwicklung vom Ende des 13. Jahrhunderts bis 1500. Greifswald. Geschichte der Stadt. Hrsg. v. H. Wernicke im

Auftrag der Hansestadt Greifswald. Schwerin 2000. S. 33.

46) Reincke, ibid., S. 5.

47) G. Fengler, Untersuchungen zu den Einnahmen und Ausgaben der Stadt Greifswald im 14. und beginnenden 15. Jahrhundert. Greifswald 1936. S. 83.

48) K. Fritze, Die Hansestadt Stralsund. Die beiden ersten Jahrhunderte ihrer Geschichte. Veröffentlichungen des Stadtarchivs Stralsund. Bd. 4. Schwerin 1961. S. 146, 173. ズントマルクとリューベックマルクはおよそ 3：2 と換算されると推定されている. Fengler, ibid., S. 120.

49) Reincke, op. cit., S. 5.

50) Reincke, ibid., S. 5f.

51) Fengler, op. cit., S. 121. レンテに関しては斯波『ハンザ都市とは何か』，29-55 ページ参照.

52) U. Rosseaux, Städte in der Frühen Neuzeit. Darmsstadt 2006. S. 65f.

執筆者紹介（執筆順）

佐久間 英俊	研究員・中央大学商学部教授
結城 祥	研究員・中央大学商学部准教授
久保 知一	研究員・中央大学商学部准教授
金度 渕	客員研究員・大阪商業大学総合経営学部講師
野﨑 俊一	客員研究員・立教大学大学院ビジネスデザイン研究科特任教授
木立 真直	研究員・中央大学商学部教授
塩見 英治	研究員・中央大学経済学部教授
小熊 仁	金沢大学人間社会研究域地域助教
斯波 照雄	研究員・中央大学商学部教授

流通・都市の理論と動態

中央大学企業研究所研究叢書　36

2015 年 3 月 16 日　初版第 1 刷発行

編著者	佐久間　英　俊
	木　立　真　直
発行者	中央大学出版部
代表者	神　﨑　茂　治

〒 192-0393 東京都八王子市東中野 742-1
発行所　電話 042（674）2351　FAX 042（674）2354　中央大学出版部
http:www2.chuo-u.ac.jp/up/

Ⓒ 2015　　　　　　　　　　　　　　　　　ニシキ印刷㈱

ISBN978-4-8057-3235-9